李载禄博士的见证手记

死前见真光

TASTING ETERNAL LIFE BEFORE DEATH

李载禄博士

"兴起,发光!

因为你的光已经来到,耶和华的荣耀发现照耀你。"

(以赛亚书60章1节)

1. 首尔地区圣灵化大盛会
2. 促进民族统一临津阁祈祷大盛会
3. 紧急救国禁食祈祷大盛会(五山里祷告院)

4

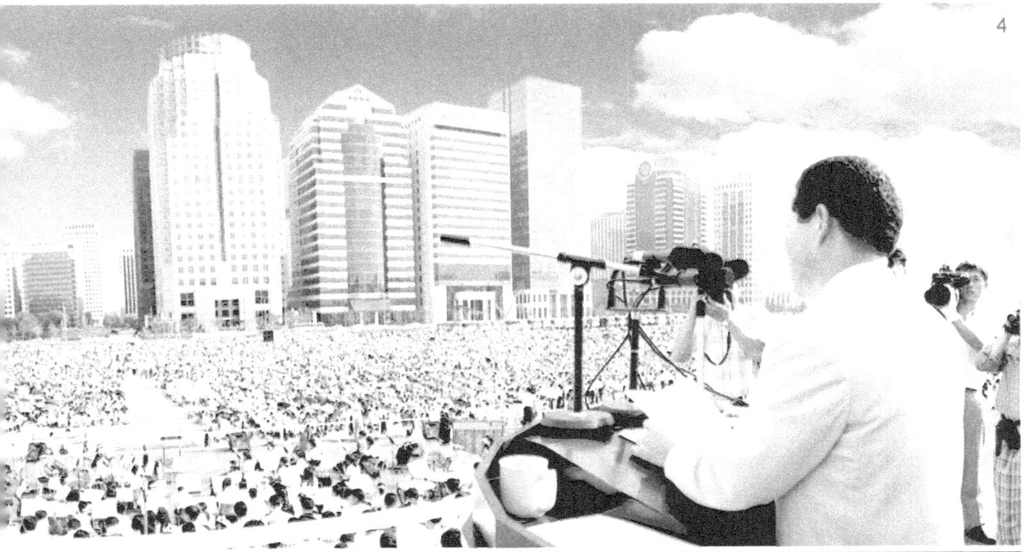

走 在 民 族 福 音 化 和 世 界 宣 教 前 沿 的 万 民 中 央 教 会

4. 光复50周年南北民族和平统一禧年大盛会(汝矣岛广场)
5. 万民中央教会本堂礼拜全景
6. 世界基督教广电传媒联网(GCN)开播庆典
7. 复活节圣剧演出
8. 秋收感恩节祭坛陈设布置
9. 万民中央教会创立记念活动
10. 世界基督徒医生联网(WCDN)
主办的国际基督徒医学研讨会
11. 圣地巡礼

5

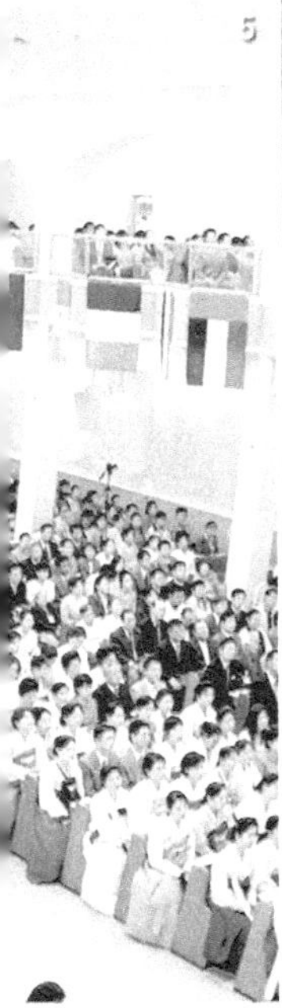

6

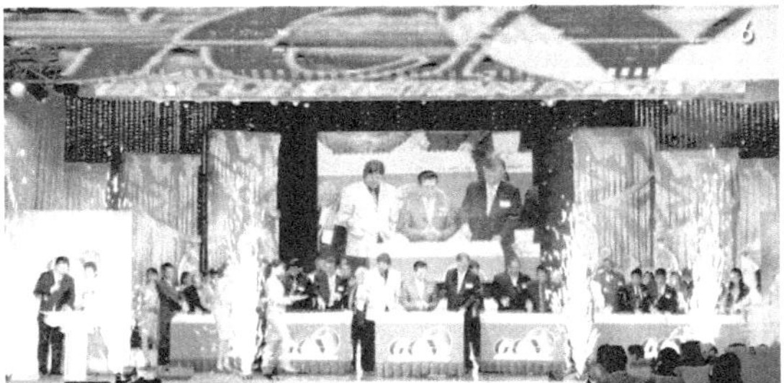

7

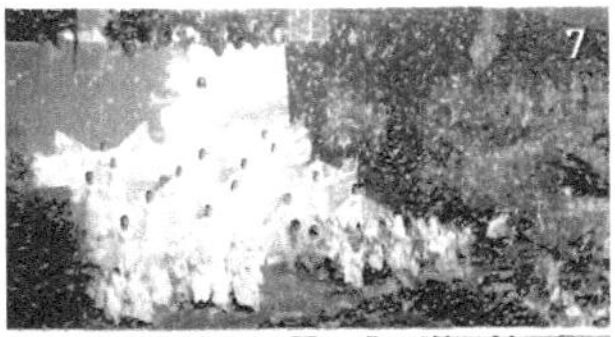

8

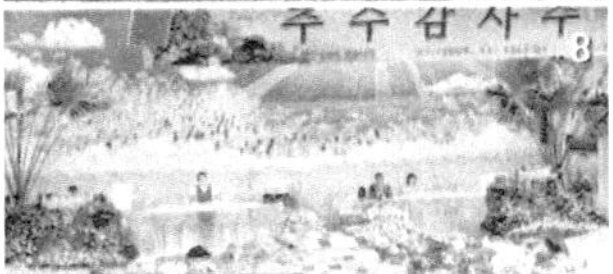

9

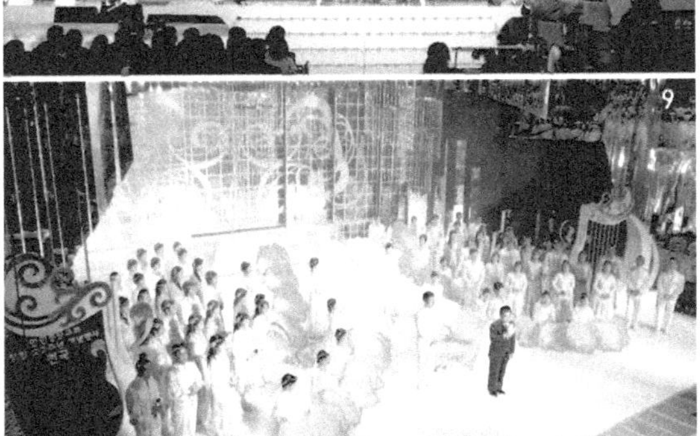

10

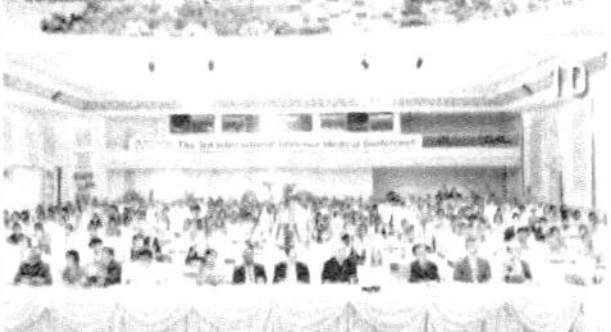

11

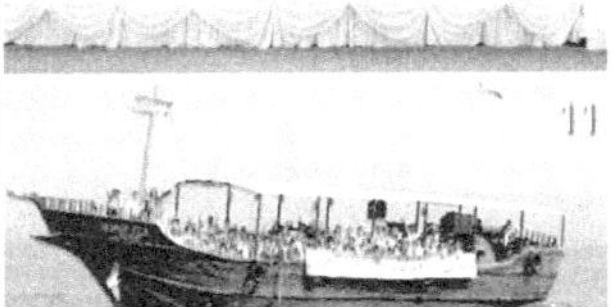

盛会时蒙神医治后，出来作见证的当地人

1. 肯尼亚联合大盛会
2. 俄罗斯联合大盛会
3. 巴基斯坦联合大盛会
4. 德国联合大盛会
5. 纽约联合大盛会
6. 刚果民主共和国联合大盛会
7. 爱沙尼亚联合大盛会
8. 乌干达联合大盛会
9. 秘鲁联合大盛会
10. 洪都拉斯联合大盛会
11. 菲律宾联合大盛会
12. 以色列联合大盛会

1

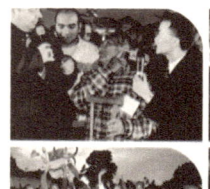

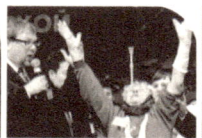

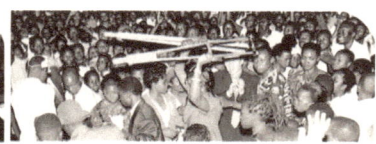

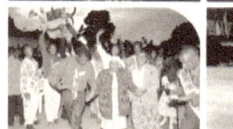

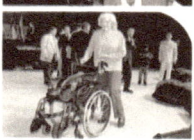

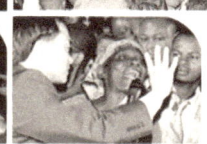

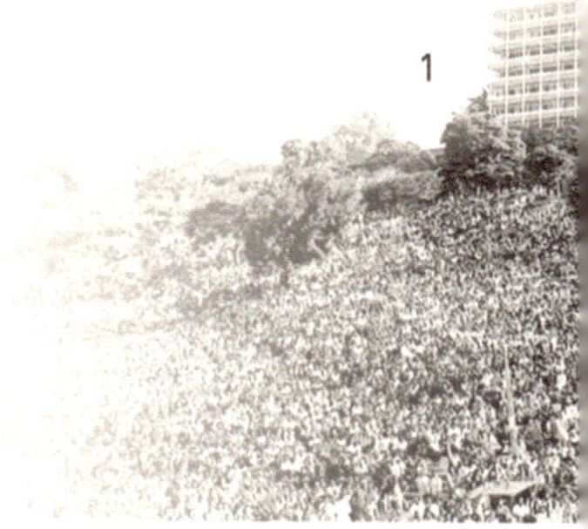

2

3

4

5

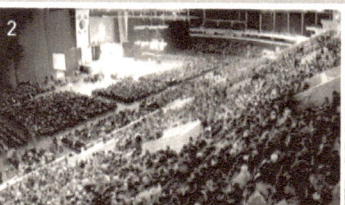

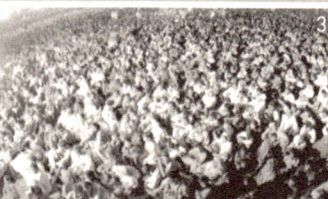

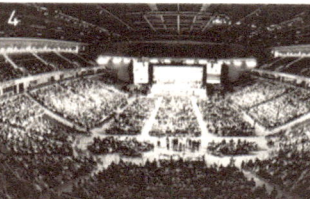

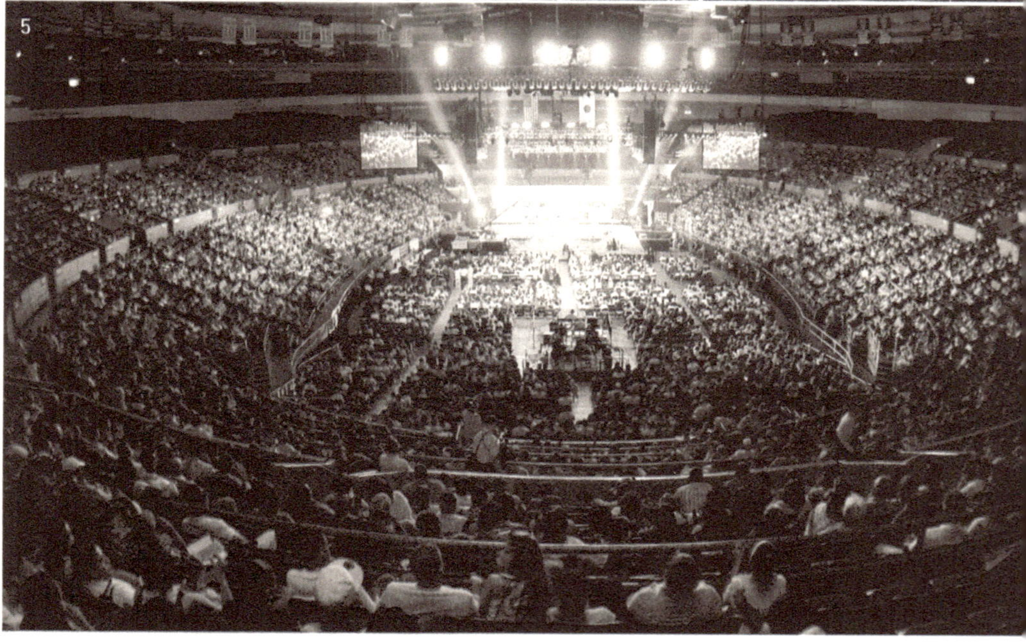

"但圣灵降临在你们身上，你们就必得着能力；并要在耶路撒冷、犹太全地和撒玛利亚，直到地极，作我的见证。"

（使徒行传1章8节）

走 在 民 族 福 音 化 和 世 界 宣 教 前 沿 的 万 民 中 央 教 会

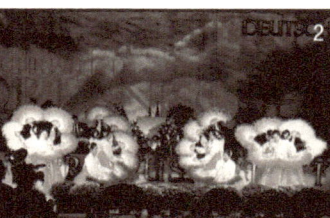

1. 刚果(金)联合大盛会归国的飞机上拍摄到的稀奇的彩虹
2. 本教会赞美队的当地语赞美、美妙的舞蹈等精彩的演出博得会众热烈响应
3. 秘鲁联合大盛会时落在讲师肩膀上的鸽子

"神说了一次、两次，我都听见，就是能力都属乎神。"

（诗篇62篇11节）

惊 天 动 地 的 圣 灵 的 权 能 大 彰 显

聚会人数多达300万人次的印度马丽娜海滩2002印度联合大盛会

透过讲师李载禄博士充满生命力的讲道信息和权能的祷告，
不计其数的人得到医治，并有许多印度教徒皈依基督教。

"你若留意听从耶和华你神的话,谨守遵行他的一切诫命,
就是我今日所吩咐你的,他必使你超乎天下万民之上。"

(申命记28章1节)

惟有耶稣基督是我们的救主。

1. 德国联合大盛会结束后和与会人士们合影
2. 2004年秘鲁联合大盛会时与秘鲁总统亚历杭德罗·托莱多
   进行欢谈
3. 2006年刚果民主共和国联合大盛会时与约瑟夫·卡比拉总统
   进行欢谈

4. 2002年印度联合大盛会筹委会赠与感谢牌
5. CNN(美国有线电视新闻网络)报道乌干达联合大盛会
6. 2001年肯尼亚联合大盛会赠与感谢牌
7. 在美国洛杉矶市议会祷告祝福
8. 荣获美国爱荷华州金斯威神学院牧会学博士学位
9. 接受美国纽约市议会颁发的2006年纽约联合大盛会认定书
10. 2001年巴基斯坦文化体育部长官特列斯勒访问本教会

目 录

自　序

愿此书成为拯救许多灵魂的宣教用书

　　首先，将所有感谢和荣耀归于引导我出版此书的父神。

　　教会开拓初期，神主管我要将过去的经历编撰成见证书。虽然想立刻投入写作，可是因时间的关系，以及我不擅长写作的缘故，对我来说这是颇有负担的。

　　神使我从七年病痛的束缚中摆脱出来，并呼召我成为主的仆人，回顾直到至今的生命的旅程，每一瞬间都是神的奇迹，是神气息同在的延续。

　　因此我确信将我过去的经历与不认识神的人分享，见证活着的神，一定是件讨神喜悦的事。

　　文书在现代社会上是极其宝贵的宣教工具。虽然我领悟到其重要性，但因不知从何开始而感到焦急。然而，神借着本教会的宾锦善劝事，将我过去的经历整理成书。收集资料虽然不易，宾锦善劝事却仍然坚持不懈地收集、严谨地编审。在此向她深表谢意，我相信神必会大大赐福于她。

这本书是我们万民圣洁教会所出版的第一本书，因此更是别具意义。

文字事工是最常使用的宣教方式，其特点是任何时间、地方都可以不断反复阅读得到益处，所以我们对文字宣教有更大的使命感。

在此感谢为出版此书付出辛苦的圣徒和乌陵图书出版社的同工。

我恳切希望这本书能做为有能力的宣教工具，来宣扬神的大爱和耶稣基督的恩典。

李载禄 博士

编辑的话

望着三十倍、六十倍、一百倍的果子……

首先将感谢和荣耀归给引导我的神，祂使我将蒙神所爱的牧师的见证，编辑成书。

自从李载禄牧师遇到活着的神之后，单单按着神的旨意生活，凭借惊人的神迹拯救了无数的灵魂。

尤其是自一九八三年五月起，开始宣扬由神亲自启示的话语，带来了惊人的复兴。他是能将稗子改变成麦子的大有能力的仆人。

五年前的这个时候，我恳切寻求神。为了找到让我可以忠心服侍直到主来的教会和牧者而祷告时，终于我遇到了李载禄牧师。通过牧师的讲道信息，我对天国有了恳切的盼望，每天亲身体验灵命的进步。得到牧师同意，将他过去的经验书写成文字，我对此有强烈的使命感。有意义的交织一个人与一个主仆的生命，对我来说是很大的祝福和喜悦。

此书中，并不是单纯地记述牧师的人生，而是把牧师素来强调的信息纳入进来，真正传达神的心意和盼望。

虽然我不是专攻文学，但靠着神的恩赐和不断的祷告，神亲自借着声音和异梦，一一引导带领每个过程，直到出版成书。书名、封面、目录和内容之具体成就，这一切都是主所赐的恩典。

若说有惋惜的事，那就是因收集有关牧师的详细资料、与牧师洽谈的时间不足之故，不能更深入地展现细节性内容。由于有陆续出版牧师著作的计划，因此会继续改善美中不足的地方。

最后我恳切盼望这本书能结出三十倍、六十倍、一百倍的果子，成为见证慈爱的神、奇迹的神、权能之神的圣灵的工具。

1987.4.17.

编辑部长 宾锦善

1
死亡的门槛

死亡的门槛

一、死就是尽孝

一九七二年 初夏

物转星移，季节交替，大地披上一层新绿，洋槐树的香气乘着微风轻轻搔过我的鼻端，这是任谁都能感受到的奔放时节。

可是我的身体，不！也包括我的精神，却如冰冷的冬天。按大自然的规律，经过一定的时间，冻得再结实的冰雪也会徐徐融化，汇流成小溪！在度过死寂的冬眠之后，枯枝又会重吐绿芽，大地呈现一片生气蓬勃的春貌。但我身处绝望无期的冬天，不知何时才能迎接春天的来临？令人感慨不已……

和往常一样，我躺在全天二十四小时铺着的被褥中，在斗室大的屋子里，透过稀疏的窗棂，望着棉絮般的浮云飘过。"那云恰似母亲温暖的怀抱，如果能变成那朵浮云，抛掉世上一切的忧虑，随风到处飘荡，观赏锦绣山河，过着只羡此刻不羡仙的生活，那该有多好啊……"

我今年才三十岁，本该是享受青春、拥有万丈雄心的人生黄金期。然而却只有看着自己的病体慢慢走向毁灭的份儿……

我的泪早已枯干，对恢复健康的殷切期盼也冷淡了，支撑我的只剩让生命延续的原始欲望罢了。

窗外蔚蓝的天空多么美丽，云彩徐徐飘散，太阳露出了脸庞，照得我双眼只能眯成细缝，阳光照在脸上，一股暖意传遍全身。

我将身体勉强靠在墙上，立刻就引起关节剧烈疼痛。紧接而来的是因严重贫血所引起的极度晕眩。此时，再也无法克制自己想出去的冲动，便倚仗着每次上厕所时所使用的拐杖，打开房门走出室外。久违的新鲜空气和直射我双眼的阳光，使我差点激动地叫了起来。

我一步一步移到院子里时，已是一身的冷汗，望着展现在眼前的宽阔汉江，我感到格外清爽。

我住在锦湖洞的山腰上，这里大部分是一间接着一间的违章建筑。虽然区内住的都是贫民，人情味却很浓厚。有时人们偶然看到我时，那种真诚为我难过的眼神令我倍觉温暖。

来往在这山坡上的人们，总是擦拭额头上豆大般的汗珠儿，不辞辛劳地奋斗在人生道上！大家都这样努力地生活着……然而我却做不到，我感到自己是这样的悲惨，以致无法再继续望着这些充满活力的人。我开始心乱如麻，身体倦痛，只想快点躺下休息，

死亡的门槛

于是便靠着拐杖挪步入室。

母亲的痛哭

闷热的房间里，或许是因为终日铺着被子，充满着霉味和厨房里熬着的药味。也不知道在这既是避难所，又是休息处的褥子上躺了多久。听到有人敲门的声音，心想这当口儿，会是谁呢？妻子已到店里去忙了，女儿也刚刚和小朋友出去玩耍……

"孩子，是我，你在里面吗？"

'哦！母亲怎会突然北上呢？七十岁的母亲到这里来，是多么不容易啊！……'

进入屋里的母亲，好长一段时间，只是默然无语地望着消瘦的我，以及不成样子的家居环境。

"妈！请坐这里。"

眼泪汪汪的母亲，突然如泄洪似地嚎啕大哭起来，痛苦地拍击着炕板。（炕：中国北方和韩国用砖砌成的床，大部分下面有空洞，冬天可以烧火取暖）。

"你这小子，还是死了的好！去死吧！与其让你的肉身痛苦，加上让你的妻子痛苦，让你的妈妈心里钉着钉子，不如死了尽孝吧！死了尽孝吧！尽孝吧……哎呦……哎呦……"

母亲哭个不停，我心里却很清楚。母亲这么说是真心的，不到万不得已，她是不会叫生病的儿子去死的。这句话令我内心受到极大的冲击，如晴天霹雳，愣在那里，茫然望着母亲哭泣的样子。

'上了年纪行动不便，却拖着老迈的身躯，在无人搀扶下，蹒跚爬过这连年轻人都倍感吃力的坡路，当看到无人照顾，独自躺着的儿子，却逼他去死……母亲怎能这样忍心呢！'

惆怅的心情笼罩着我，终于无法克制，眼泪潸然而下。

这不是那七十年来，一辈子为了照顾丈夫和儿女，牺牲奉献的母亲吗？这不是连乡下的粗重工作也都甘之如饴的母亲吗？不是因我生病，比任何人都焦急难过，为了治好我的病，东奔西跑，搜寻各种药品的母亲吗？

但是，现在连母亲也不愿再分担儿子的痛苦了，我内心的悲伤简直无以形容。

殊途

母亲脸上深深的皱纹，好似被千斤重担压得下垂的双肩，无法再缩的娇小身躯，令我更加心酸。我内心的凄惨和悲痛，比起母亲的痛苦，更加深重。

住在这栋按月付租金的违章斗室里，能称得上是家具的大概只有一张梳妆台了。一边墙角，除了叠放着的棉被和用木棒削出来的拐杖外，别无他物。看着残留着药渣的药碗和数不清的各种药袋子，更令我深感悲惨。

"对，还是死了的好。我死，或许对家里的每个人来说，是最好的选择。如果我不存在的话，至少不会对那些因我而承受痛苦的人，增添任何麻烦了。或许他们会因为我的死，暂时感到某种程度的悲伤，但随着岁月的流逝，对于我的不存在，也会渐渐地没有感觉吧！他们也可以重新生活。对，就这样吧！和这个世界爽爽快快道别吧！"

看着母亲哭泣的样子，决定去路后，我无法继续注视母亲，于是把脸转向窗外。炽热的阳光直射着我，令我无法睁开双眼。顿时，一种想要活下去的欲望油然生起，刚才想要寻死的念头，已在我心里起了变化。

心想："我还年轻！要死还太早，不能只给家里带来这么多的痛苦，就以死了结。我必须活下去！这样才能偿还欠他们的债，我要使大家对我的存在有新的认识。"

不知从哪儿来的一股力量，刹那间从内心深处兴起要活下去的渴望。

虽然，因疾病成了满身疮痍的人，但是不管怎样，我都要胜过病魔，一定要胜过！

愚蠢的"死"

死与生的意识不停地在内心中反复交战时，蓦然回首自己的过去。既不是遭遇非死不可的情况，也不是到了真的一定要死不可的思想尽头，但我却曾有过选择死亡的经历。

在这个世界上，有些人不知道什么是"生"、什么是"死"，也不知道为什么要活着，而轻易地选择死亡。

有的人虽努力奋斗，却因未能达到自己的人生目标，而自暴自弃地选择死亡，这是因为不知道生命的尊严之故。我们常会听到报导说：有人因经商失败、破产而悲观地放弃生命；考试成绩不理想，怕被父母斥责而选择死亡的学生们；因生活不如己意，而轻易放弃生命的新闻等等。

也有很多因爱情而寻死的人。因无法得到真爱而死的人；或因暗恋的人背离自己，而放弃生命的人；因所爱的人先离开了世界而选择死的人等等，不胜枚举。这些认为世上除了男女之爱以外，就无生存价值，而寻死的人，都是愚蠢的，也都是因不知生命的可贵所致。

真实的"生"

在大医院里，有许多挣扎求生，却仍死去的人！曾否听过因突发事故，或患上不治之症，只能走向死亡的人，却因不想死，而千方百计地求生的故事？有人因不愿痛苦活着而求死，也有人在死亡面前，凭坚毅的求生意志活了下来，但是还有更多的人在束手无策的情况下，无奈的慢慢死去。

我们必须清楚明白生命的可贵性，也要明白真正的生命是什么？生存的目的又是什么？不管身处在怎样的环境，我们都要爱惜"生命"，且要认定生命的宝贵，生活下去。

健康的时候，曾有两次试图自杀却失败的经历。但此时母亲要求我以死尽孝，这反而勾起了我强烈的求生意志。

母亲不断拍击炕板伴随痛苦的声音，成为一把利刃，割着我的心，我再也忍受不了，眼泪夺眶而出。

为了止住奔流的泪水，便转头往外望去，看到蓝天上的白云，悠悠飘荡，好似安慰着我的心。

那时，蹦蹦跳跳愉快的童年，在我眼前舞动着，引领我的思绪奔向美丽的故乡。

啊！那是何等亮丽的日子！

我想回到那健康的日子……

被爱的日子……

二、我的童年

我的故乡

我的故乡是以景色壮丽、水质清澈闻名于全罗南道的"长城郡",绵延秀丽的老陵山脉像屏风般地环绕着它,四周的景致甚是壮观。

自朝鲜时代以来,长城郡可以说是处处受到限制,是深受注重礼教的儒家思想影响的地方。或许就是这个原因,在长城郡至今仍能看到穿韩服的年轻人或老年人。也就是说:长城郡并不热衷于追逐时代的变迁,反而是强烈固守传统的地方,或者可以说是个过于强调繁文缛节的儒学者的故乡。

我的父亲也精于汉学,是位风流倜傥,兼具豪杰气概的儒家型长者。据说在日本占领时代,常往来日本,做各种生意,韩国独立后结束事业,寻觅到这个可宁静蛰居的地方。我出生于全南务安,三岁时搬到父亲精挑细选的长城郡。

长城郡粉香里仟氏村是我们家族落户的地方。这个村子颇为封建,若非仟姓人氏就不能落脚。而父亲却凭着圆融的处世方式,在此置田产、建屋舍,定居了下来。

我的父亲

幼年时,在我的印象中,父亲已很少和社会往来,生活多以在家中读书为主。那时家里常有客人来访,父亲经常摆设酒菜和客人吟咏"时调"（韩国古体诗）、比赛汉学。父亲有时也会突然出去游历，常常好长一段时间不在家。

由于父亲对家务事不太关心，持家的担子就全落在母亲身上。家中共有三男三女，我是最小的，颇受父亲的宠爱。父亲经常讲些英雄传奇，或有趣的历史故事给我听。由于受到这些故事的影响，我也常常自许，长大后要做个伟大有名的人。因此可以说，父亲是给我这些伟大梦想的人。

我五岁时，父亲就开始教我《千字文》，且常常训诲我说："男子汉要过耿直、刚正、重道义的生活"。或许正因为如此，进入小学后，我就常跟着父亲进出道议院、国会议院和竞选总统的演讲发表会场。从那时起，我就编织起：为了国家要成为一个伟大的国会议员的梦。

自幼我就喜爱劳作，手艺还算是不错。有时因做得好，也会引起周围的人羡慕。有一天，我正坐在慈祥的父亲身旁，用刀刻着柑橘树枝，恰好有位访客轻咳了几声后，走进屋来，留心端详了我好一会儿说：

"这小子的手艺不比一般啊！"

接着拿起我做好的弹弓，仔细审视了一番说：

"这个我买了，钱在这儿。"

看到正在彷徨不知所措的我，父亲露出慈祥的微笑，轻轻向我点头示意，允许我收下钱。

自那以后，我所做的玩具比想象的卖得还好。

不知是否因进小学前就跟哥哥、姐姐学会了九九乘法和韩文字母的缘故，并不觉得上学有意思。

每天能尽情玩耍是我最大的快乐。最喜欢和小朋友玩"将与兵"、摔跤、踢脚等激烈的游戏。但一定要由我带头，心里才会舒坦。在同龄的孩子中，我算是力气较大的，胜负意识也出奇的强，若不打赢对方，心里就不舒服。而且个性固执、自尊心强的我，一定要反击，直到胜过对方才肯罢休。

尽管我的体格比较强健，可还是吃补药长大的。可能因为这样的缘故，人们给我起了个"壮士"的绰号，有时也叫我"猩猩"，由此可见，父母亲对我分外地呵护。

我的母亲

有一件事到现在我还记得很清楚，这件事也是母亲格外呵护我的原因。那是我五岁时发生的事。

那是农事正忙的秋收时节，大家正在田里忙，可是天色慢慢变暗，似乎马上就要下大雨的样子。看到院子里晒着的辣椒，年幼的我，直觉地知道这些东西不能被雨淋湿，于是用细嫩的小手，一个一个地捡起辣椒来。那时看到豆大般的雨滴落下，吓得急忙跑回家的母亲，看到这情景，心里无比的欣慰。

"我们家的载禄长大了！真的长大了！还知道收拾辣椒。这孩子，可真讨人喜欢啊！"

母亲眼中充满着爱，轻轻地拍着我的小屁股，这情景至今仍

死亡的门槛

历历在目。

母亲宠爱这小儿子，甚至达到含在嘴里怕化了，放在手上怕吓着的地步。因此，凡有好吃的，就一定会留一份给我。

有时母亲会牵着我的手出去串门子。到了村子口，可以看到大人们在大树旁的亭子内，有的下棋、有的谈天说笑。

"这小子，长得可真聪明伶俐，长大定能成大器。"

"看他的相面长大会成个人物，好好养他！"

母亲则很欣慰地抚摸着我的头。

有一天夜里，夜已深了，母亲沐浴更衣，换上了白色的礼服。我很纳闷母亲这么晚还要出去，于是嚷嚷也要跟着去，因为跟母亲外出是件令人愉快的事。可以去逛集市，搭公车，有时还可以吃到好吃的。

"妈！我也想去。"

"载禄啊！我不是要出去玩儿，我是为了让我的小儿子、哥哥和姐姐能健康地成长，成为伟大的人，所以要去求七星君啊！你快去睡吧！"

我看到母亲，在后院阳台前，以至诚的心献祭。看到母亲按规矩舀了一碗水，不停地搓着手心祈求的样子。年幼的我，想到她是为了我才这样虔诚，无限感恩的心油然而生。

虽说祭了七星君

这不是那么疼我、爱我的母亲吗？这样的母亲现在却对我说

"死是尽孝"，心中不免涌起无限的悲伤。尽情在山野奔跑嬉戏的幼年时代，难道只能成为回忆吗？母亲每晚向七星君献祭换来的竟是贫病交加的我，令我近似咒诅般痛恨我自己。我为什么不能像别人一样健康？我为什么不能从痛苦的深渊脱身？

那么真挚爱我的父母，竟然也放弃了我，现在有谁能帮助我呢？

陷入种种回忆的我，无暇拭去再次涌出的泪水，开始抽泣起来。

不知过了多久，母亲端着发出强烈气味的药，走进屋子，顿时对母亲失望的心消失一空，反而对母亲产生无限的哀怜之心。

为了医治生病的儿子，虽然吃尽苦头，仍想尽办法，寻医求治。然而，不但毫无起色，连活下去的希望也看不到了。一定是这样，母亲才起了"死了倒好"的念头吧！

我一言不发的接过药碗。

"我要活下去！为了活命，我要努力吃药，我会活下去的。"

我咬紧牙关，端着药碗，慢慢地喝了下去。

"过去美丽的日子，重新回来吧！重新回来吧！"

三、挣扎

不幸的阴影慢慢地……

平顺地度过小学、中学和高中时代，进入了大学，服完兵役后，渐渐体验到人生的坎坷与苦涩。

服完兵役后，我却无法回到原来的大学复学，因为在入伍前借给别人的一学期的学费付诸东流。那人说要在我服兵役期间投资做生意，赚了钱就连本带利要还给我。谁料那人赔了生意，倾家荡产，连本钱都无法偿还。

祸不单行，我再一次遭遇提前从父母得到的遗产不翼而飞的厄运。服兵役快要结束的时候，以笔友的方式我交了一个女友。退役后我们经常约会，约好要结婚。我们一起商讨复学的路子，结果商定提前领取父母的遗产。谁知这个遗产，几乎没花多少钱，就不翼而飞。

现在回想起来真是一件哭笑不得的事情。都是因为我太天真，不懂世面。我到乡下父母那里，陈述我未来的计划，请求父母提前把遗产给我。当时的女友就是现在的妻子。我们之间的爱很真诚，彼此可以为对方牺牲自己。我恳求父母成全我，拿到遗产，我的未婚妻要开美发店，供我上学，我要好好念大学，还要出国留学，回来要好好孝敬父母。

听着心爱的小儿子远大的抱负和梦想，恳切的请求，父母只好答应把相当额数的遗产给了我。虽然带着以后不能再要什么的附加条件，但我的心情无比欢喜。

生来第一次拿到这么多钱的我，带着惬意的心情，抱着远大的梦想，上了京城。但那喜乐也是暂时的，为了我俩的婚事能得到父母的同意而去见父母的女友，到了约定的日期也不回来，两天、三天过去，仍无音讯。我不知所措，一天一天焦急等候她的到来。正当那时，有一个比较亲的亲戚听说我得到了遗产，就找我来问怎样计划使用那笔钱。他劝我把那笔钱以担保的方式投资到能得大利润的地方。

要开美发店的人杳无音讯，又觉得那个亲戚的话很有道理，毫无社会经验的我，便答应他所推荐的地方。因为我相信那个亲戚，便把除了房租以外的全部资金交给了他。

而后过了几天约定结婚的女友出现了，晚来的原因是：家里坚决反对婚事，为了迫使父母同意，闹到服用药物，住院抢救的地步。

没过多久我们遇到一个更艰难的问题。拿我的遗产去替我投资的那个亲戚被人诈骗，毁了我的那份遗产。更糟糕的是：那个亲戚毫无偿还的能力，他和我一同受骗了。我悲痛之余，饮食全废，彻夜难眠。

那时格外体会到"这真是睁着眼睛，鼻子也会被剥掉的世界"这句俗语的意思了。一个说要帮助我的人，却背信毁了我的前程。这可真是"被谋生的斧头砸了脚"。

和女友之间是一段纯纯的爱，我们不顾双方家长的反对结了婚。那年是1968年。

虽然这桩婚姻并未得到任何祝福，我们还是构筑了新婚的爱巢，决定一起开始新的生活。

不是也有很多人因克服了逆境而成功吗？那时我白天在报社上班，晚上在夜大读书，妻子则开了间小小的美容院。

畅饮

不久的一个春日，因拗不过同事们的盛情，就以庆祝新进公司和结婚为由，设宴款待众人。早上招待公司的同事，中午是学校的同学，晚上则是招待故乡的老朋友，真是久违了的快乐时光。杯影交错之间，情绪也跟着高涨了起来，朋友们为我们的婚姻祝福，激起我对新生活的盼望。

岂知不幸的阴影正悄悄地向我走来。喜宴圆满结束，快到宵禁的时间了。正为喜宴办得很成功，而松了一口气的节骨眼儿，我的头突然开始晕了起来，室内所有的东西也跟着旋转起来，浑身一股奇怪的感觉，我也渐渐稳不住自己的身体了。接着就是精神恍惚和大量呕吐，吐到全身痉挛，妻子看了吓了一跳，急忙跑到西药房去买药。虽是立刻就吃买来的药，但是还没等药滑到喉咙，就连水一起又全吐了出来。整夜不知吐了多少次，吐到最后，连肠子都快吐出来了。虽然把胃液都吐得干干净净，但疼痛依然没有消退。

自幼就少量地喝酒。因玩耍时曾伤到肋骨，父母常给我喝点蛇酒。或许是因为这样，不管喝多少酒，都不会醉，对饮酒我总是很自负。因此有人给我取了个"酒缸"的绰号。

那天招待客人时，我们喝的酒是前一天买来的四十瓶40度威士忌和当天朋友们带来的许多其它种类的酒，我喝了约五瓶左右。从早到晚款待客人，我无法推辞客人所敬的酒，为了减轻烈酒的刺激，而且又酷爱甜食，我在威士忌内加了糖，继续喝下去。

因我是从未有过败绩的"酒缸"，再加上有千杯不醉的本事，所以毫无节制地喝了太多的酒。但愚蠢的是人，做梦也没有想到这会导致生病，还会把我带向死亡的门槛。

结果，胃因酒完全糟蹋了。喝了那么多、又那么烈的醇酒，就算是铁人也会受不了吧？

那是一九六八年三月的某个周日。

我是疾病"超级市场"

刚开始妻子与我都觉得没什么，认为只是因饮酒过度引起的。继续吃药房的处方药，但身体却未见痊愈，不管是中药还是西药，消息灵通的记者朋友们也开始帮忙为我搜寻，但吃了却仍不见起色，我感到伤心透顶！

消化越来越不好，身体也逐渐消瘦，最后不得不到大医院去接受检查。医生也只是说胃溃疡，虽然接受了长期治疗，还是没有什么效果。

这期间，我的身体逐渐衰弱，许多奇怪的并发症开始陆续出现。如胃溃疡、食欲不振、体重减轻、神经衰弱、剧烈头痛、恶性贫血、鼻窦炎、中耳炎、冻伤、脚气、湿疹、全身性皮肤炎、淋巴腺炎，另外还有许多不知病名的症状，我就像个疾病"超级市场"。

在乡下的父亲，不忍心我病成这样，便带我到有名的中医那里。医师把完脉后说："能活着真是奇迹！"

后来才得知，因一下子喝了太多的烈酒，烧坏了胃，导致胃肠机能麻痹了。人吃下东西，在胃内消化，再到了肠内吸收，才能供给各器官营养来维持健康。各器官若无法得到营养供给，其机能便会逐渐衰弱，那么对疾病的抵抗力也就变弱了。起初是胃肠麻痹，而后便诱发出各种并发症，我变得满身疮痍。

为了治病，找回失去的健康，我使出浑身解数和疾病对抗。这实在是既凄凉又孤独的战斗。

病只要能好

起初，我自己去西药房、中医院、西医院买药或按医生的处方买药努力地吃。这种病看似快好了，却又生出另一种病。如此依赖现代医学有一年之久。

病情甫说有所改善，反而变得更加严重，最后不得不辞去工作。结果收入没了，支出却与日俱增，家里的窘境自不在话下，但又不能输掉与疾病的战斗。我的处境变得无法再去医院，病也未见好转，于是我改用其它的方法继续和疾病搏斗，只要听到什么偏方有效，就算负债我也去试。

"听说到庙里拜拜一百天会好喔！"

"叫巫师作法才行。"

"要拜菩萨才可以。"

"要换名字。"

我平常虽自认是个无神论者，但只要听到有哪一种神能医好我的病，我就去拜。

某日，沐浴更衣后，我便躺在铺了被褥的炕上，抓了一只鸡放在前头，便开始驱病赶鬼的仪式。这时，妻子拿起一把刀，口里念念有词，然后用力急速地向鸡斩了下去。如今回想起来，那真是没理性的行为，若没有亲身体验过病痛的人，是无法体会病急乱投医的感受的。

为了活命，使出了浑身解数。我的妻子和母亲只要听说什么东西有效，无论如何也要弄来给我吃。煮蜈蚣，也不停地煮益母草、漆树皮等给我吃。我甚至吃过狗胆、熊胆、蛇酒、猫。除此，还会有什么不敢吃的？

发病三年后，双膝开始起了异样。不但疼痛，而且每当行走时即抽搐不已，无法久立。诊断的结果是患了风湿性关节炎。虽然长期服药，亦未见效。此时，听说吃猫对关节炎有效的传闻后，在锦湖洞做生意的妻子只要看到猫就买来煮给我吃；有时煮得不好，还会有很刺鼻的怪味。当时，心里就想："宁可死也不吃为好！"

吃到城东区的猫已告罄后，便跑到东大门、中埠市场去买。这一切，都只是为了让我能走路！

粪水，不能喝吗？

在无法自理大小便、极痛苦的时候，出现了一位像救世主一样的人物。

"你想活下去吗？有一种独门妙法……"

"咦？是什么方法？"

"你年轻时一定挨过很多揍吧？这是瘀血引起的！除非喝用松叶滤过的粪水外，别无他法可治好你的病。"母亲和妻子兴奋得跳了起来，我心中也再次充满了希望。于是我们急忙到乡下老家去。母亲找了一个石缸，在缸口放些松叶，绑上绳子缒到茅房里，等到次日再轻轻地拉起绳子，将整夜滤到缸内的水倒入药碗，母亲双手谨慎地捧着药碗给我，一日三回，连续十五天，一次也没漏掉地按时拿给我。那恶臭味，真叫人难以下咽，但我却依然抱着希望喝下了。

虽然如此，喝下去时，总会肠胃翻腾，倒冲上来，因此我把吸管放在离喉口最近处吸着喝，很有技巧地不使粪水沾着舌头，直接吸入喉咙里，但恶臭总是免不了的。喝完后，马上花个十分钟的时间来刷牙，然后含一颗糖，口里还是不觉清爽。

与疾病的对抗并未就此结束。听说有一种德国药丸，是专治麻风病的特效药，那是唯一一种能治好我全身皮肤病的药，只要能治好我的病，粪水都能喝下，那么麻风病人的药又怎会吃不下呢？

徒劳的挣扎

辛苦挣扎所换来的却是更加悲惨的结果。世上竟然有连现代医学、神明，甚至任何方法都无法医治的病。我的躯体已是疮痍满布！

要恢复健壮的双腿，听得清晰的双耳，干净无暇的躯体和清醒的精神，到底要怎样才能实现？死神正向着为恢复健康而挣扎的我招手，并一步步拖着我走向死亡的门槛。我像那断了翅膀的蝴蝶，逐渐失去了挣扎的力气。而不服输的个性却告诉我自己："不要输在和死神的搏斗上！我只是因漫长的战斗暂时失去力气罢了，我断不会停止挣扎的！"

四、流失的岁月

成为"一家之主"的妻子

与疾病搏斗、挣扎，就像陷入沼泽中一样，越挣扎就陷得越深。我的疾病，使家庭濒临毁灭的地步。

我的妻子尚未从新婚的梦中醒过来，丈夫就患了病，使她不得不竭尽全力照顾丈夫。妻子真是有智慧和本事，只要是好的药，便想尽办法弄来给我吃。只要能让丈夫恢复健康，马上就去做。虽是如此，遇到什么事不合心意，也会生气地提了包袱回娘家去。妻子是个极为性急的人，数年过去，我的病越来越重，她又常提包袱回娘家，所以家况可想而知是什么样子。

因为妻子需要借钱还债，每当债主来催讨的日子，她忍受不了，就嚷着离婚或回娘家。看着妻子的样子，我实在是心痛！然而，通常没过几天她又返回家里了。

某日，回娘家的妻子带着开朗的笑容回来。

"老公，姐姐借了我十万块，我要用这钱在菜市场开个小吃店。"

几天后，妻子就在锦湖洞市场内开了间小小的小吃店，俨然是一家之主了。店里不但卖寿司、甜甜圈、面包、各种油炸食品，还卖面食和酒。妻子一大早就要出去买菜，备好各种饮食后开门营业，直到晚上近十二点才回来。为了偿还债务，能多赚一分就是一分。

我整天待在家里，不是看书，就是陷入空想度日，实在是闷得发慌，就到三岔路口的杂货店，坐在长板凳上看人下围棋或打牌。有谁能了解身为一家之主的我，无法工作，只能虚度日子的心情呢？

两个可怜的女儿

每当看着两个女儿时，就使我更加痛苦，大女儿美英从一出世就看着生病的爸爸长大，可能是因她性情太好的缘故，自小就一直帮助爸爸，成为爸爸的左右手，也是爸爸的朋友。偶尔出去玩耍，也因担心爸爸而很快回家。可是她像我一样，全身都是皮肤病，加上无人照顾，常常生病。

至于二女儿美京，我不常看到她。她从妻子开始经营小吃店起就断了奶，由奶奶抚养长大。而不晓得是否因她长得特别像生病的爸爸，所以并未得到家人的喜爱，时常受歧视。每当看到她嘴里咬着抹布，独自一个人玩耍的样子，我就为之哽咽，心里感到无比的痛苦。

把出生不久的美京送到乡下后，妻子更加热心经营小吃店。因她知道我的个性，再怎么困难，也不会伸手向父母求助的。

妻子要负起整个家庭的生计、药费，偿还与日高筑的债务。不但如此，更要面对债主的催讨，而且为了在期限内还清利息，又要借贷新债，妻子以所赚的钱来还利息都感吃力，当时家计之窘迫，是可想而知的了。我只能眼睁睁看着妻子努力打拼，内心由衷地难过，甚至觉得自己应受诅咒。

有一天，妻子无法应付来讨债的人。"你……怎么可以这样！你还算男人吗？从结婚到现在一直叫我受苦，现在竟连钱也要我赚！什么爱啊什么的，都没用！赶快去赚钱！去赚钱啊！"大吼大叫的妻子彻底伤了我的自尊心后，便离家出走了。日子一天又一天的过去，但妻子却没有回来。

于是美英开始找妈妈。

"爸，妈妈怎么还不回来？她会不会在店里？爸爸和我一起去店里看看好吗？"美英哭着将搁在墙边的拐杖递给我。这时我再也忍不下去了。

"美英啊，到店里弄一瓶酒来，顺便也带一包烟回来。"我把酒灌了下去。为了忘记对妻子的内疚，为了挥去对她的恨意，为了忘记自己的痛苦，这是唯一的方法！生病卧床的我，拼命地灌着酒。

当母亲说死就是尽孝时，我为了活下去而咆哮，我为了活下去，拼命挣扎……现在竟连妻子也弃我而去，竟连妻子也……

随着流失的岁月

我的心像冉冉升起四散无踪的烟，被妻子抛弃后，连求生的欲望也跟着消失了。

"好！所有的人都离我而去吧！让酒来使我忘记痛苦，让烟来安抚我的悲伤吧！"

几天后，妻子回来了。但却向我厉声说：

"回来不是因为我想你，是想美英才回来的。"我只能闭口无言，听妻子说话，但妻子矛盾的心理更是可怜。

自此，我的健康更加迅速恶化，不再感到有必要为谁而活，也不为这无聊的人生做多余的挣扎，我决定就如此破罐破摔的过日子了。失去了对生存的强烈意志，随着时间得过且过吧！开始抽烟喝酒，但我不要就这样地死去，为了争口气我要活下去。

诡诈的人心

因酒致病，因病遭父母、兄弟、妻子、朋友的离弃，因此我视酒为仇敌。但是现在，却又和酒变成了好朋友，并借此来安慰心中的悲伤和痛苦，真是矛盾的心情！且吃饭时一定要有酒，若不喝酒，手就会发抖，无法镇定，也无法做任何的事情。渐渐地，若不饮酒，竟连饭也吃不下了。当时，我如同明日不知将要如何的小虫，只能过一天算一天。

今天一天已够痛苦了，哪里还能盼望明天的事，但求能借酒忘却今天的痛苦。病情更加恶化，生活变得毫无节制，我的处境就像一片随风飘荡的枯叶。

愚蠢的人

现在回想起来，那真是一段既轻率又令人后悔的日子。

生命和时间是宝贵的，无法重新来过，为何要浪费呢？不论生命有多痛苦，也要智慧地面对它。不应只看现在的痛苦，要望着未来的希望。不是有句格言说"天助自助者"吗？俗语也说："天塌下来也会有个洞，可以逃脱。"我应如此激励自己，鞭策自己才对。

自从失去了活下去的勇气后，我过着如动物般，无思想，吃饱就睡的生活，这种日子对我来说既痛苦也毫无希望。但好死不如赖活着，我也渐渐习惯了这种日子了。这是多么愚蠢的行为啊！

终有一天，人都会面临死亡，走进死亡的门。如果能很快的，无痛苦地走过它，也是一种蒙福的死亡。

但我在死亡的门前既无法跨过去，也无法退回来，如此足足度过了七年的岁月。时光如流水般的过去，我的生命却冻结停顿，如同掉入大海之中，被吞入鱼腹的约拿一样……

2
奇迹

奇迹

一、情

"情"是个令人感到既温暖又亲切的字。若说邻居是以互动之情相处的话；父母则是以抚育之情来爱儿女；婆媳间或有心结，但相处久了也会产生感情。因此，说人是为情而活实不为过。

那么，"情"是什么？

字典上的解释是：人与人之间相互关爱的心。简单来说"情"就是人的爱。

人是群居性的，打从娘胎出生，就要开始学习与人相处。每个人都需要母亲的哺育和关爱，人格才能正常发展。一个孩子若只得到哺育而未得到爱的供给，很可能就变成无法给予、也无法接受爱的问题儿童。婴儿期透过家庭，就学时期透过学校，入了社会则透过职场，经历爱与被爱。有了情人，透过情人关系；结了婚，就透过夫妻关系；有了小孩后则透过亲子关系，人不就是这样过着爱与被爱的生活吗？

人就是这样，活着的时候体验爱与被爱，直到划下人生的句点。

因此，人与人之间，若没有情的交流，就无法在这世上活着，也无法活出像人的生命。

在死亡的门前，度过了七年之久的岁月，在这段期间，我可以正确判断出人互动之时所产生的情，在哪些情况是真的，哪些情况是假的，最后我只得承认所谓的"情"并不是真正的爱。

与相识之人的"情"

因交笔友，认识了现在的妻子。幼时的我个性活泼，但随着年纪渐长，因牙齿长得不整齐，有严重的自卑感，个性也变得内向。不知道是不是这个原因，尽管与所交笔友彼此欣赏，可一谈到要见面还是感到难为情。

"我是李载禄。"

"我是李福临。"

虽是初次见面，但打过招呼后，慢慢有了好感。不知从何时起，我们开始以兄妹相称，彼此交流感情，后来就产生了爱苗。

如果我们见面时不打招呼，闭嘴不说话，或者彼此交谈，却紧闭心门，就无法感受彼此间的"情"了。

是我的侄子将他朋友介绍给我，但当他看到我与她的关系逐渐升温后，竟暴跳如雷。本来介绍我俩做笔友，只是让我们交交朋友而已，却没想到我俩竟产生感情，变成了情侣，将来还要叫朋友为叔母，因此侄子对我们的婚事非常反对。

夫妻间的"情"

我们许下了婚约，我喜欢她积极进取、善良又富人情味的个性；她则喜欢耿直、多情又细腻的我。我们彼此需要对方，也能顾念彼此的需要，因此决定结为夫妻。

婚后我突然生病，无法继续工作，生计也成了问题，妻子因夫妻间的"情"，到处寻求名医医治我的病，并为了承担家计，吃了不少的苦。若无夫妻间的情，妻子不会为我牺牲奉献到底的。但若这是真爱的话，她不会说出令我伤心的话："我要和你离婚，但目前不会，因为如果现在和你离婚，别人必会对我指指点点，说我抛弃生病的丈夫，所以等你病好了，再和你离婚。"

我的妻子，只因顾忌别人的指责，勉强维持夫妻关系罢了。因丈夫无法提供好的生活给妻子，反而加重她的负担，妻子的爱就变得冷淡了。

父母儿女间的"情"

当夫妻身心相合时，以自己的精髓生出的果子，不就是骨肉吗？因此父母儿女间的情，应该是无法斩断的吧？

当我小的时候，父母亲是那么地爱我，而现在竟盼望我死。在母亲要求我去死时，我才彻彻底底觉悟到连父母儿女间也无真爱。

古谚有云："久病床前无孝子。"现在久病居然也无父母了。甭说孝顺父母，现在变成废人的我，连父亲也因面子，对我甚具戒心；母亲因胜不过心里的痛苦，竟要我死！

父母若有真爱，不会盼望已成废人的儿子去死，而是甘愿替代儿子，凡事忍耐，凡事包容。

"情"不是真爱

俗语有云："患难见真情。"病痛的煎熬中，我深深体会到真正的友情也很难找。

朋友们在我生病之初，只要听说哪里医术好，就带我去那里看，费了很多精力，但随着我病情加剧，治愈的希望越来越渺茫，就一个个离我而去。于是得到一个结论：友情虽可贵，经久亦会疡。

连我的父母都放弃我了，岂能期盼我的兄长们自始至终的爱我、关心我呢？我们家以兄弟之间感情好而出名，但那也不是真正的爱。

"载禄啊！不要担心。有哥哥们在，不要怕！"

一开始，虽拍胸脯保证，但知道以后一切如同将水倒入无底缸，哥哥们并未成为我可靠的后盾。

人在世上过彼此相爱的生活，但如果爱无法获得回馈时，就会有许多人无法再爱下去，而这样的爱，难道真是所谓的"爱"吗？

通过七年之久的病痛，觉悟到人与人之间的情是那么的不真实，而感到非常悲伤。

二、身心俱创

一九六八年三月，恶梦般的事发生在我身上。在短短数小时内，我失去了健康，而且永远无法恢复。

古人说："好事多磨。"为了庆祝就职、结婚而铺张设宴，但留下的只是病痛，因饮酒过量，胃功能没有任何恢复的迹象。

病情加剧

因胃功能麻痹，导致身体其它器官的功能也逐渐衰退。

呕吐、晕眩、消化不良和头痛等症状无时无刻不在折磨着我，食欲不振、疲劳倦怠、出疹子、浑身发痒等也伴随而来，这表明肝功能也已丧失了。

不但如此，因免疫力弱，口腔始终是溃烂的，感冒、咳嗽也如影随形，中耳炎复发，耳内又开始流脓。

当时有一只耳朵的耳膜早已破裂，那是在小学四年级时发生的事情。有一天我在操场上跟同学戏耍的时候，绰号"疯老师"的老师看见就以为我们在打架，便把我们叫到他跟前，令我们彼此打20个耳光，因为不能无故打同学耳光而不知所措时，他就亲手打了我们耳光（此后，"疯老师"被解聘了）。自那时起，听觉就有障碍，也慢慢养成和对方谈话时，留意对方的嘴形，直到完全了解对方谈话内容后，才敢开口讲话的习惯。

可是，现在连剩下的另一只耳朵也有毛病了，耳朵严重发炎，耳内脓水多了起来，开始发出臭味，细微的声音渐渐听不到了。当我发觉听不清对方呼叫我的声音和电话里的声音后，便开始担心起来。每当与人谈话，我就会冒一身冷汗，而每当电话铃响时，我的心更是忐忑不安，一股脑儿的只想躲起来。人们开始以异样的眼光看我，而我则有一股好似被人当成傻瓜的强烈自卑感。

原来，我已患了罕见的神经衰弱症，只能辞掉报社的工作，也无法找其它的工作做。我变成和聋子没两样的人，这样怎能继续过团体生活呢？

夏天是脚气，冬天则是耳朵和脚上的冻疮，这些都非常困扰我。痒的时候令人难以忍受，身上也渐渐出湿疹，全身发痒，更是雪上加霜。

有一天早晨起来，发现每个脓疮都已破裂，流出的脓水都已经干了。因有太多的毛病，又经常被数落，也就不敢再把这情况告诉妻子。但现在湿疹开始向全身蔓延，已到了无法掩饰的地步。

"你现在只有眼睛是好的！起码还有一个地方是好的。不知为什么，你总得那些不干不净的病。"

现在连鼻子也出现了问题，不知何时竟患上鼻窦炎。总觉得头发沉，鼻塞，记忆力逐渐减退了。脖子刚开始是淋巴腺肿大，接着是长了肿瘤，而肿瘤开始变大，像葡萄粒般大小，压迫我的脖子，每当转头时，都异常疼痛。

虽然有很多病，但穿上衣服，勉强可以掩饰，猛然一看，会认为只是身体虚弱，最起码也会被视为正常人。

但到一九七二年时，关节炎也找上门来了，膝盖开始疼痛，一走路就会痛，最后到无法走路的地步。上厕所时，需要依赖拐杖，连大小便都得有人帮忙。

肉体上的病痛已经令人难以忍受，但更大的问题是精神上的痛苦。外表上看不出来，但却是谁也无法理解的。

耳朵听不到了

疾病令我感到很悲哀，然而耳聋才是我最难过的事。在嘈杂的茶室或人多的地方，即便再怎么努力注意对方的嘴形，也无法了解对方谈话的内容。当我回答得莫名其妙，甚至无法回答对方的时候，一股强烈的自卑感，常使我的脸胀的通红。

我的自尊心很强，想掩饰耳聋的事实，这更令我痛苦无比。那时，同住的大哥不知道我的耳朵已经聋了，他是急性子，因无法理解我为何老是仔细盯着他的嘴，又回答得慢吞吞的，因此忍不住伸手打我，这都是因我耳朵听不到的缘故啊！

无法进食

正如俗语说的："人是铁，饭是钢。"可见吃饭对人有多重要。人的一生，若无法享受吃的乐趣，那又有什么意思呢？

人都会有吃的欲望，在人生各种享受中，如果将吃的享受去掉，大概就感受不到活着的乐趣了。

每当很想吃肉的时候，妻子就会为我预备少量的绞肉，但连这少量的肉也无法消化，使我非常痛苦。虽然如此，过一阵子后我又会想吃肉，可是每当想到吃完后的痛苦，就吃不下去了。

"老婆！我什么时候才能想吃什么就吃什么呢？"

虽然明知这种日子永远不会再来，妻子却很自信地回答说：

"不要担心，这一天马上就到了。到时候，我就可以发挥手艺了，但不要吃得过饱哦！"

我因为无法正常进食，体重逐日下降，脸也消瘦了，照镜子时非常惊讶："啊！这是谁呀？"

大大的眼睛，凸出的颧骨，凹陷的面颊，脏兮兮的耳朵，干涩的皮肤，实在很难看出我本来的面目。

寸步难行

患了风湿性关节炎，我必须靠着拐杖走路，只要吹到风，整个人就会僵住。因此，我如同活在无形的监狱里。

我还年轻，长久待在房间里，实在令人闷得发慌。想要工作，却无处可去，也无法工作，想到这里，就感到自己的人生悲惨至极。

无法尽一家之主的责任，也无法尽丈夫的本分，内心有沉重的罪恶感。不明白这些苦楚的妻子，只要逮着机会，就会把我的心撕的粉碎。

无法赚钱的窘况

被债主要债，要得喘不过气的妻子，对我的爱也渐渐冷淡了，变成了金钱的奴隶。她相信只要有钱，一切的不幸就会顿时消失。这是那个曾经说只要有爱就会幸福的妻子吗？

"我有钱才会幸福，钱啊！"

"连钱也不会赚的人叫什么？就是因为你，我才受这样的苦啊，这样的苦……呜呜呜……"

妻子好几次提了包袱就回娘家了，一定要我去带她才肯回来。但这并非因为爱我的缘故，愿意继续这样的生活，她不过是在履行妻子的义务罢了。

破碎的心

妻子因为钱的问题带给我痛苦，这我还能忍受。然而带给我更大伤害的是妻子每次回娘家，就到处向亲友诉苦，因此她的家人也开始憎恶我。

"当初我们那么反对你们的婚事，你们还是结了婚，现在却说生病了，无法上班更无法赚钱，我看这分明是婚前就已患了病嘛！"

"你被骗了。"

"那小子是骗子，大骗子！"

抱怨女儿嫁给无能丈夫的娘家人，有一天大举出动到我家来。

"无能的女婿，你说话啊，我们家女儿哪里做错了？"

"你也算是人吗？娶了老婆却让她受这么多的苦，你还要她怎样？"

"笨女婿，笨！不要再说了，马上离婚，我说马上！"

他们就这样大声斥骂，邻居都听到这些话，然而他们却若无其事的离开。

这样的耻辱，这样的悲痛，如何能以笔墨来形容呢？

无法真正理解我的人，看到我病恹恹的身体，就把我当成废人。这些人不但无法体谅病人的处境，反而要将我撕得支离破碎，因我不能成为他们的帮助，他们就撕碎我的心。哪里还有人的感情？哪里还有爱？

身患重病，又被人离弃，起初他们是在心中厌恶我，而后便真真实实地将我抛弃了。因为他们对我的爱不是真爱。我的心因此受创，而这创伤极大且深，任谁也无法治愈。

患病初期，大家因可怜而帮助我，但自从知道治愈无望后，就都弃我而去。这是因为他们并未真正的爱我，这些人带给我的，只是一颗受创伤的心灵和被撕得粉碎的情感。

三、坎坷的生命

我曾两次企图自杀，但都没有成功，即使到了无法进食的地步，只有死路一条的状况下，也仍然没死。我的生命竟是这样地坚韧却又坎坷！

第一次自杀未遂

高三时，常因病旷课，这是因为我在小学四年级时，有一次和同学玩踢脚游戏时，伤到肋骨的缘故。因怕麻烦别人，又常感到不好意思，总是强忍着痛不说，后来因伤势恶化而旷课的日子也变得频繁起来，成绩自然开始落后。于是放弃联考，并下决心第二年重考，且立志要考入首尔大学。

准备重考的这段时间，正是考验我能力的时候。那段日子，我一天只睡四小时，为了缩短睡眠时间，每日服用兴奋剂，并为了遵守起床时间而订了罚则：听到闹钟声，在数一、二、三之后，若仍不起床的话，就罚自己不吃饭，所以为了吃饭就要按时起床。

每天一大早就到图书馆念书，因为全心的准备联考，成绩也就一天比一天好了。在逐渐感受到读书乐趣后，对考进首尔大学工学院的梦想也越来越具信心，因此读书的乐趣也更加倍了。

但没想到，"人心筹算自己的道路，惟耶和华指引他的脚步。"（箴言十六章9节）这句话应验在我身上。

有一天，我利用休息的时间看报纸时，看到总统的照片，但却忽然想不起总统的名字。

"我们国家总统的名字是什么呢?"仍然想不起来。

"可能是因为突然想的关系,才记不得的吧!"因此我更努力、绞尽脑汁的想说出名字,但结果却依然是想不起来。

"难道是因为只顾着拼命念书,而把这些事都给忘了吗?"我没有放在心上,但到了晚上心里总觉得怪怪的。于是想回忆以往学过的内容。

"数学公式中因数分解的公式是……是什么啊!"这么容易的东西怎么也想不起来了呢?忽然心中有了不祥的预感。

"那么在语文中……"想要背诵一下用心背过的古诗,结果非但作者的名字想不起来,连古诗的题目也记不得了。

"我现在到底是怎么了?是记忆力丧失,还是暂时失常?怎么会这样啊?"整夜我都无法入睡。

次日,我又试了一下,然而几个月来,我用心读过的那些内容,无论再怎么集中精神也都想不出半点来。霎时,我如落入了万丈深渊,已没有存在的价值了。

"死了算了!我死了,父母亲就不会对我有期盼,也不需要再面对他们了。复读一年,若仍考不上大学,实在丢脸啊!"

我认为死是最好的解决方法。于是便到乙支路六街的药房买好安眠药。接着,一面一张张地烧我的日记,一面回顾二十年来的生活。整理好所有的东西后,准备要结束这短暂的人生。

订好了自杀的日子,也立下了彻底执行的决心。当时我每天都到位于新堂洞的姐姐家吃饭，并且还另外租了个房间以便念书。在东大门市场经营布店的哥哥，十一点下班回来之前，这可说是我自己的时间。本来是有利于读书，不受干扰，但想不到竟成了我"自杀"的地方。

把房间整理干净后，留了封遗书给父母和兄姐。因为计划订得很周详，所以我只要照着执行就可以了。接着，按照计划，先来到了姐姐家。"姐姐，我今天要到同学家念书，不会回来吃饭，所以不必等我了。"慈祥的姐姐很淡然地回答说："知道了"就继续做着家事。

于是，进了隔壁读书的房间，把鞋子拎进房内，把门从里面反锁。接着铺好被子，将药囫囵一口全吞了下去。当时，吞了二十粒安眠药后精神却依然抖擞，于是平躺在被窝里，不知不觉就失去了意识。

平常晚上十一点才回来的姐夫和哥哥，那天却忽然反常地想早些回家。于是提早关了店门，也没有去喝每天必饮的酒就回来了。平时他们因为怕打扰我，所以从不会到我的房间来。但那天听说我去了同学家，竟不知为何还要到我的房间找我。于是当他们发现房门被反锁后，便有不祥的预感！破门而入，看到我在炕头上躺着，便急忙将我送到了医院。

据医生说：我因服了过多的药物，且又隔了那么久才被发现，因此生还的希望是极其渺茫的。虽说如此，没几天我却醒了过来，而且竟然还可以正常地活动，大家都说这是个奇迹。

这事以后，我真正体会到人命在天，并决定按着实力面对即将来临的联考。得到父母的允许，我又复读一年，但是过了一年记忆力仍未见好转，于是抛弃了首尔大学工学院，选择了汉阳大学的工学院。这就是我第一次的自杀经验。

第二次自杀未遂

另有一次自杀的经历。原因是一结婚就患了重病，且非但无人照料我，连妻子也回娘家去了。于是买了安眠药做好随时都能自杀的准备。当最后的希望——我的妻子，竟然要离我而去的时候，我心中感到十分的羞辱，随即吞下了安眠药等待死亡的来临。

然而我的命实在太坚韧。当时回到娘家的妻子，晚上无法入眠，心里总觉得不安，好像有事要发生似的。于是搭了出租车回到家中，发现我服了药，正走向死亡。我的自杀又再次以失败告终！

我竟是那种怎样自杀也死不了的人！从那以后我不再轻率地选择死亡，因我的生命不在我手上，我要坚强的活下去！

转念要好好活下去，在心底深处，燃起了生存的火花，本来想寻死的念头，现在也完全的转换，不再会去寻短见了。

以想要报复的心活着

自从生病后，遭到许多人的抛弃，包括亲生母亲、妻子，还有其它家人、亲戚等，但这却反倒激发我更强烈的求生欲望。有如火山爆发时喷出的岩浆，在我内心深处燃起了报复的火焰，决心更要好好地活下去。

"母亲，我为什么要死？我一定要好好地活给你们看！"

"老婆，我一定会赚到堆积如山的钱给你，这是你所喜欢的吧，你等着看！到时你就要哑口无言了，等着瞧吧！"

"岳母大人，不要把人看扁啦，等着瞧吧！你以后也会后悔的。"

我若死了，有谁会照顾我的两个女儿？

还有另一个生存下去的理由：为了那自我生病后就受人歧视长大的女儿们，无论再怎样我也要坚持下去。对我的孩子来说，我是个罪人！身心的痛苦，使我常对孩子们发脾气。非但不觉得她们可爱，反而厌烦她们。孩子们本应在父母的爱中成长，如果我死了，那她们什么时候才能得到爱呢？我要活下去以尽为人之父的本分。

爸爸虽然活着，却因得了重病常被指指点点，甚至被人厌弃。如果我死了，她们岂不是成了没有父亲的孤儿？那将会受更多的歧视啊！

最可怜的是，连母亲的奶都没好好喝过，就离开父母，被奶奶带大的二女儿，她连妈妈的爱都没得到，还能奢求谁来爱她呢？我若死了，又会有谁来照顾她？

为此，我一定要活下去，这是谁也无法代替我的。我不只要活着照顾我的孩子，以尽父亲的本分，也要尽为人夫所应尽的责任。

我下定决心，为要还清那带给他人许多麻烦的"人情"，我要好好活下去！

为了使家庭变得幸福、和睦，我要尽我的本分，就如"只要打起精神，就算掉入虎穴也能活着出来"的俗语一样，在死亡的门前，撇开死亡的念头，内心开始有一股要活下去的强烈意志，并保持着必有一条生路为我开启的希望。

在死荫的幽谷度过了七年的漫长岁月，却也是活在如丝的希望当中……

四、我的姐姐

冬眠已久的蛙儿醒了，初春的寒风也过去了，在黄色金钟花盛开的季节里，我也迎接了我的春天。

一九七四年，虽然是在死亡之谷度过的第七年，但我心中却有一股春游的冲动。父母亲兄姐们已有好一阵子没来看我了，连访客的影子也很难看到。

有一天，我的二姐突然来了。好似在沙漠中发现绿洲，心中十分喜悦。那时的我，是那样地渴望被爱！

来看我的姐姐

二姐在故乡务农，有时为了照顾在首尔读书的孩子们，偶尔会来首尔。但这次她来的时候正是农忙的季节，所以叫我吃了一惊。

"姐姐，你怎会来这里？"

"因为要到首尔办事才来的啊。"快乐到浑然忘我的姐姐，好像个孩子般，将近来的大大小小的事情，一股脑儿地讲给我听。真的很喜欢姐姐这种样子。

而正讲得起劲的姐姐，突然以试探我的眼神对我说："小弟，我想拜托你一件事，希望你不要拒绝。"明知我目前的处境根本无法为别人做什么，对姐姐的话，我十分纳闷。

"有个教会，我一直想去看看，就是在西大门附近的玹信爱教会。趁着这次北上，我想去参加那里的聚会。你姐夫这次也特别准我去，不知道你是否可以带我去？"姐姐洋溢着能参加聚会的喜悦，恳切地拜托我。那诚恳的态度，实在叫人难以拒绝，但我不得不回绝。

"姐姐，你明知我的情况，为什么还要求我呢？除了我，不是还有别人可以为你带路吗？你可以和铉权或是铉寿一起去啊！"虽然姐姐可以请她的两个儿子带她去，但她还是一再拜托我。

"小弟，我太不认路，孩子们还要上学，所以现在只能拜托你了！"为了姐姐的面子，我实在无法再拒绝她了，而且自己也有想要出去散心的念头，所以就接受了姐姐的请求。

"谢了，小弟，真的谢谢你了。我明天一大早就过来，到时候你要先准备好喔！我还要回去做晚饭，我先走了。"看着姐姐高兴离去的背影，步伐简直像飞舞的蝴蝶般，心里突然想到：我竟还有答应人家请求的能力！感到自我存在的价值，心中也就充满了喜悦。

六个孩子中，我是最小的，上头虽然有两个哥哥、三个姐姐，但我最爱的还是二姐。二姐自幼不仅心胸开阔、时常关心他人，而且心地非常善良，既诚实又勤劳。所以成长的过程中，得到许多人的称赞。但在她很小的时候，因害热病，一只眼睛失明了。而她身材娇小，外表并不起眼，所以因外貌轻视她，甚至虐待她的人也很多。

青春期的时候，二姐因这个缘故常常自卑，甚至有抛弃结婚的想法。可是也有很多人家想要讨善良的二姐做媳妇，最后她和邻村的小伙子结为夫妻。婚后，她任劳任怨地照顾家庭，一年十二次的祭祀也从不懈怠，非常地真诚。并养育了三子二女，过着纯朴的生活。

信了耶稣的二姐

有一天，二姐听到村子里的一位长老传讲神的话语后，感到非常欢喜，心中便热切地想去教会。在姐姐因农忙无法去教会的期间，又有另一位姐妹来向二姐传福音。她是村内一位劝事的女儿，有听觉障碍，并且尚未出阁。她天天都来，热心地传福音给二姐，也因讲的相当精彩，二姐听了还想再听，饥渴慕义的心如逢甘霖。这样，好不容易熬到主日，二姐生平第一次踏进教会，她兴奋不已，那情景直到今天还历历在目。

自那时开始，二姐每个主日都去教会，从不缺席；且只要一听到从教会传来的钟声，就会急忙结束手上的工作跑去，心里才觉得平安。不管做什么事，赞美诗始终不离口，农忙季节为了听神的话语费尽心思。每次到田里时，筐子里必放着收音机，做事时必定收听基督教电台，学习唱诗歌，听神的话语，生活单以敬拜、传福音和祷告为乐。而插秧季节，不管再怎么忙碌，二姐也必守主日，彻夜祷告后她也是带着笑容一大早就到田里工作。

曾有人问起："怎么从来没看过铉权的妈妈生病躺在床上过？难道信耶稣就会那么健康、喜乐吗？"每当此时，姐姐从来不会放过机会，努力传福音。

二姐从来不会因为去教会漏掉或延后该做的事，就算熬夜也必定把事情做好才去教会，因此从未因信耶稣而遭到丈夫、儿女或村人的反对。但母亲和哥哥们却说二姐信耶稣信得太迷了，因而时常逼迫她，非常看不惯二姐努力在教会侍奉、传道，以及服侍牧师的行为。

每逢主日，姐姐必一大早就起身，把家事都做好后，就去教会擦讲台。每当有初熟的果子或珍贵的东西时，就趁牧师未注意的时候，放到牧师家里，然后害羞地跑出来，二姐经常这样侍奉主仆。看不惯二姐这样信耶稣的母亲，大声斥责她："你说你去教会，拿米又拿钱的，所以你才会变得这么穷。不要再去教会了。你醒醒啊！醒醒……"

被这样斥责的二姐，仍面不改色地回答说："妈妈，信耶稣吧！信耶稣真的很好又很喜乐。"反倒传道给妈妈。姐姐知道信耶稣比世上的荣华富贵更宝贵，为了不信主的丈夫和儿女，她也常常迫切祷告、流泪恳求，并以感恩的心胜过生活中所有的患难和逼迫。

将金戒指献给神

每当有培灵会的时候，二姐必火速地跑去参加，诚心寻求神，她连多年珍藏的金戒指也奉献给神。

"神啊，请你赐给我这金戒指般珍贵的信心，将黄金般历久弥新的信心赐给我。"不是为了得物质上的福气，仅为了得到如黄金般珍贵的信心。这就是连结婚戒指也奉献了的姐姐!

看着二姐,因为我的答应而欢喜的样子,姐姐的种种往事一一清晰地浮现。二姐也曾经向我传了好几次福音,婚后她对我说:"小弟,你结婚了,那么就以全新的心来信耶稣吧。"

我听了只当耳边风,一个耳朵听了,就从另一个耳朵溜出去。但姐姐只要一抓到机会,就向我传道,就是在我生病以后也是如此。

"姐姐,信了耶稣,病就会好起来吗?现在医学如此发达也治不好我的病,有谁还能治好我呢!上帝在哪里?天国看得到吗?姐姐看过天国吗?请原谅我这么说:姐姐,你是因没念过多少书才被骗的,请不要再叫我信耶稣了!"

虽然我一再把姐姐传福音的口给堵住了,但每逢姐姐来首尔时,她还是向我传福音。

"小弟,现在看起来,你好像只有死路一条。但有一条生路,可以使你恢复健康,信耶稣吧!你也唯有这一条路了。"

虽然当时我无法立刻下决心信耶稣,但听姐姐的话时,心里却渐渐有了只要信耶稣就能活的意识。因此,身子患病、满心创伤的我,决定接受姐姐诚恳的请求。

神赐给姐姐的智慧

是神惊人的智慧让姐姐要求我带路,是为了要将我从死亡的门前救回来。是活着的神使卑贱的有智慧,贫乏的得富足,是祂赐给二姐智慧。我听了多次的福音，却因愚拙而找不出生路、寻不见神。但神为我开启了一扇遇见神的大门。

"神啊！求祢让我弟弟遇见祢。求祢医治弟弟的病，好将荣耀归给祢，并借着弟弟使全家族、亲戚也都信主耶稣得救恩！"二姐诚心的恳求得蒙应允，于是神动了工。

人是如此的愚拙，连一秒之后的事也不知道，又怎能领悟神那惊人的智慧呢？结果出现了一线使我能胜过死亡的曙光，因这光的引导，我终于接受了二姐的要求。本教会李贞顺劝事就是我的二姐。

她至今仍全身心地祷告，单求神的国和神的义，忠心的服侍神，带领许多人到神的面前，不但如此，她的儿女也都奉献给神，做主的仆人。

二姐借着祷告、传福音，生活中充满爱与感谢，得着神丰盛的赐福；因信心和盼望，不管遭受何等的试练、患难也不屈服，过着得胜的生活。

五、重生的生命

去玹信爱教会

次日清晨,一大早二姐就到家中催促我。当我挂着拐杖从锦湖洞山顶走下来时,感到十分吃力,费了好多工夫。

搭上了往西大门去的巴士,折腾了老半天才到了玹信爱教会。一到门口,就听见宏亮的赞美歌声。"哇!说要早来,结果还是迟到了。小弟,快点进去吧!"拜托我带路的姐姐反而跑在我前头领我进去。

通过大门到了二楼一看,宽敞的会堂里挤满了人,根本无法进去,最后只好从为患者预备的坡路上,扶着栏杆上去。我每移动一步,腿就会疼痛,背后也直冒冷汗,费了很长一段时间才找到座位。这期间也不断有人越我而过,在我拖着毫无力气的身躯,好不容易坐在位子上喘气调息的时候,仍有许多人涌入聚集。"怎么会有这么多人来呢?"正东张西望时,一位头戴白巾,手拿麦克风的女子出现在我眼前。

她站在巨大十字架下的讲台前,以丰富的肢体语言讲话,我感到她很有能力。而当她讲道时,数不清的群众举起手大喊着:"阿们!"我第一次见到这种场面,连讲道的内容也没听清楚,心里只感到闷闷的,并有一股不安的感觉冒上来。

因看不到本来在一旁的二姐,而环顾四周寻找她的时候,在我前后左右的人开始一起大声地祷告。有人张大了嘴,好像疯了似地祷告，有人身体前后摇摆着祷告，有人捶胸哭着祷告，也有静静地闭着双唇默祷的人。

"这些人是怎么回事？竟有这种地方，真令人惊讶！我来这里做什么啊？每个人好像都发了疯似的，如果继续待在这里，搞不好我也会发疯，还是赶快离开吧！"

虽然我以前没去过教会，但我认为祷告的时候应该安静，去教会的人也应该全是圣洁又敬虔的才对，可这里的情况怎么完全相反呢？

而当找到二姐时，她简直令我失望透顶！平常那么端庄的她，竟然比别人还厉害，她竟在那里又晃动着身子又高举着手，一边哭一边祷告。

"那人真的是我的二姐吗？平时她是既安静又害羞的人，现在怎么会变成这个样子？"对我来说，这实在令人难以置信。但当我想起姐姐诚心恳求我一起来的样子时，实在是提不起勇气要求她回家。可也不能因为如此，就直愣愣地坐在那里。于是也开始学周围的人跪下双膝，闭上双眼，合起了双手。

正祷告的那一瞬间

就在那一瞬间！就在那一瞬间，全身就像火球般热了起来，背脊上的汗水流个不停，身上的衣服不知不觉变得湿漉漉的。

"怎么会突然这样冒汗呢？"

只剩皮包骨的我不可能出汗，实在令我费解。

虽然很奇怪，但我却另有一番解释："这可能是因为我容易怕羞的缘故"，殊不知那是圣灵之火焚烧的现象。当我打开心门，寻求神的时候，神将圣灵赐给了我。不知不觉中，不安的感觉消失了，那个地方也不再令我讨厌。

"穿白衣戴白巾的女子站在面前，到底在讲些什么呢？"心里正感到好奇想聆听时，突然有人拍我的肩膀。

"小弟，现在是劝事为大家祷告的时间，我们领受完祷告再回去吧。你身体不便，我们等一下再去领受祷告好了，稍后领受比先领受的更好。"姐姐洋溢着喜悦，满脸笑容的样子真美。

在等待领受祷告的那段时间里，我看到了许多惊人的事。患了绝症的病人，述说他们得到医治，恢复健康到令人无法相信的程度。看到这些人见证神的全能、没有任何疾病是神无法医治时的神采，是那样的真挚，且洋溢一股无法言喻的喜乐。当他们将荣耀和感谢归给那位赦免并医治他们疾病的神时，表情又是那么的神圣。

我也要接受祷告

轮到我接受祷告了。我便排在等待领受祷告的行列里，当我在劝事面前低下头时，有一只手按在我头上，接着在我的肩膀上拍了一下，口中说了些让人听不懂的话后，就用力将我往后推。瞬间，我从领受祷告的位置被推出去好几公尺。那里的地板像溜冰场一样，可见在那里曾有无数人领受祷告离去。当我被推出云，站起来后，有一股羞耻感笼罩着我。

"这样祷告，绝症病人怎么会被治好？"本来期待劝事将我有病的部位细细地抚摸着祷告，没想到竟用这种草率的方式对待我，心里觉得不是滋味。瞬间产生说不定这位劝事是骗子的念头，当我看到仍有许多人为领受祷告而排长队时，觉得他们像在看守所排队般可怜。

忽然想起很久以前在井邑的某个女子，因诈欺被判入狱的事。这女子宣称任何疾病都能医治，消息传开后，全国各地许多的病人都来到井邑，甚至连电视台也争相报导，各种病人包游览车前来向井邑女子求治，结果发现那是由数人合谋的诈欺案件，最后那女子被送进了监狱！

脑海中正浮起井邑女子的事，不知不觉走到了一楼。惊觉腿部竟然没有疼痛感了！姐姐也因一尝数年来的心愿，高兴得不知所措，脸上一直挂着欣喜的笑容。

拖着急欲回家又筋疲力尽的身子，搭上了车。正当脑海空空地凝视着窗外时，发生了一件奇妙的事。

如雷般隆隆的大声，持续不断地传入我耳中，直到我们到了锦湖洞终点站下了车后，那声音才消失。"在车内听到的会是什么声音呢？是什么声音能那么大？"看着蔚蓝的天空，心里深感疑惑。我们走到市场口分手后，姐姐去儿子家，我则回到妻子开的小吃店。

老婆！我肚子饿了

当时妻子的小吃店，以卖面食和油炸食品来维持家计，因手艺不错，所以来光顾的客人蛮多的。我一进门就看到陈列架上摆的食物，忽然觉得那些食物看起来好可口，令人垂涎三尺，于是就向妻子要求东西吃。

"老婆，我肚子饿了，来点饭和肉什么的，快点好吗？""你是说饭和肉吗？这个人怎么搞的，去了玆信爱教会回来，怎么变成这样？明明知道吃了肉会不得了，还要吃肉！请再忍耐一下，待会儿我拿点别的给你吃。"于是，我再度向正忙着做事又得和我说话的妻子嚷着说："老婆！我觉得现在我能消化所有吃下的东西，我只要吃一点儿就好，请不要担心。"

就像孩子般任性的要着食物，妻子看着我那副自信的神情，没办法只好开始准备，拿来了一些肉和饭给我。那些食物看起来不知有多可口！而这些年来，我也是头一遭有这种食欲。吃的时候，食物一进口就溶化了似的，吃的非常顺利。而在这之前，我总是很难将食物吞咽下去，所以吃的不多，但那一天的情况却完全相反。看到我一会儿就将一碗饭和一盘肉吃的精光的妻子，不禁担心地问："你还好吗？"

俗话说得好："金刚山也是食后景。"带着饱足感靠坐在椅子上，心情也显得格外的好。而就在此时，忽然我竟能清清楚楚地听到有人说话的声音……

老婆！我听见了！

我激动地看着邻座的客人叫了起来："这位客人，你刚刚是不是说了些什么？要点餐，是吗？"那位客人以奇怪的眼神看着我回答说："是的，我要点二人份的辣米糕，请快点！"我高兴得几乎要跳起来了。"老婆！辣米糕两份"。我一边说，一边向妻子跑过去。"老婆！我听得见声音了。客人讲的话，我可以听得很清楚了，真的很清楚！"

我的心洋溢着无比的喜悦，不禁热泪盈眶，想起刚才在公车上听到的声音，一定是乘客说话的声音，伴随引擎转动的声音传入耳中，压根儿也没想到两耳耳膜都已破损的我，竟然还能听到声音。

那天晚上，妻子与我因双耳能清楚的听见声音而惊喜万分，然而仍弄不清这件事是怎么发生的。就这样，我进入了难得的舒适、香甜的睡眠中，还想着大概是因为久未外出，所以身体疲倦才睡的这么好。

每天早上我有个固定的习惯：上厕所、洗脸、刷牙后，还要用棉花擦试全身，那是为了不让妻子看到我难看的样子。

那天是一九七四年四月十八日，我和往常一样进了厕所，锁好门，将棉花缠在牙签上，要清除整夜自耳朵里流出的脓。

咦！棉花竟是干净的！又擦了一遍，还是没有什么东西沾在棉花上。"奇怪，怎么回事呢？怎么会这么干净呢？"另一只耳朵也是如此。突然心里砰的一下，悸动起来，想起昨天和姐姐一起去玹信爱教会时，人们所讲的见证："神是活着的，祂医治了我所有的病！”

极力压抑着澎湃的心情，察看我的手背、各个关节应流脓的地方。“奇怪，这是怎么回事？怎么没有脓呢？脓竟然都干了！”一夜之间，黄色的脓竟都变成了黑色的痂。“竟有这样的事！怎会这么奇妙！”

于是卷起袖子开始察看腕肘，腕肘上竟也结上了黑色的痂！激动得无法再待在厕所，急忙跑到房间，脱衣服察看各处关节，我的心砰砰跳个不停。膝盖、脚踝处也看不到脓了！转动着睁的圆圆的眼睛，用手摸脖子。“像葡萄一样大的瘤跑到哪里去了？应该在这里才对啊！怎么不见了？完全不见了！”用手怎么摸也摸不到脖子上的瘤！这些令人难以相信的事实，使我惊惧不已。

我的思绪非常混乱，心跳快得像要窒息似的。抱着头靠在墙上，慢慢回想早上起床后的样子。平时睡醒后，睁开眼无法一下子起床，起床后，也一定要扶着墙很长一段时间，才能站起来，到厕所也要慢吞吞地连爬带走。但今天早上是怎么了？早上轻易地就能起床，站起来时也不头晕，走路也没感到痛……于是试着将腿伸直，腿竟然轻易的就伸直了，而且感不到一丝的疼痛。又弯了一下腿，仍是没有任何痛楚。

神真的医治了我

“怎么会这样？我既没吃药，也没打针，更没开刀，却在一夜之间，发生这些奇迹！这应该是神的医治吧？”我的心兴奋不已。

仔细地回想和二姐一起去玹信爱教会发生的事："我上三楼时，不是费了九牛二虎之力才到的吗？闭上眼睛祷告时，我的全身发热难耐，之后心中畏惧感完全消失，在领受祷告后，竟然轻易地就从三楼走了下来。

对！就是在那个时候我开始能走路的。所有的疾病就是在那里得医治的！是在那里得医治，使我的双腿可以走路，耳朵可以听见，身上的脓水也是从那时止住并凝结的，脖子上的肿瘤也是在那时消失的！就是这样，一定是这样！"

我频频点头，奇迹般的事实摆在眼前，不得不承认神的存在，不得不在神惊人的大能前屈膝。

不知不觉热泪纵横。"神啊！神啊！神……啊！祢真的活着！神真的医治了我！我的身子怎么可能被医治得这样完好？那么多的病，竟一次就完全让祢治好了！人说祢是活着的真神，我却不信。我也不曾相信，神能医治一切的绝症，我竟没有相信……"

我泪如雨下，跪在地上，看着天花板放声大哭，拍着地板，捶胸痛哭。"神啊，谢谢祢！神啊，我对不起祢，请祢原谅我！我曾大声疾呼：'神在哪里？'神啊，请祢原谅我！祢医治了唯有死路一条的我，谢谢祢。我真的谢谢祢！"

听到哭声的妻子吓得跑进房间。

"老公！你怎么了？"妻子看到零乱散置的衣服，用担心的眼神看着我。

"老婆，我全好了！你看，神已经医治了我！"

原来神是活着的

　　愣在那儿的妻子听了我的话后，将我全身上下仔细检查一番，才相信神真的已经医治了我。明白过劲儿的妻子高兴得不知如何是好，突然抱着我哭了起来。"老公，神真的是活着的，真的是活着的！祂是疾病都能医治的神啊！真是奇迹啊！老公，从现在开始，你可以活得像个人样了，我真是太高兴了！"

　　妻子泪流满面，满脸幸福的样子。此时有人敲房门，随后我听到出去应门的妻子说："姐姐，真的很感谢你。美英的爸爸昨天去领受祷告后，他所有的病就好了，双腿会走路，耳朵也能听得见了！请进来看看，这都是神的医治，是托姐姐的福啊！从现在开始，我也要好好信神，认真的去礼拜堂。"连说话的机会也不给姐姐，妻子自己说个不停，充满着喜乐。

　　那一日就是我得到新生命、从死亡中获得重生的一天，是永远难忘的欣喜感动的日子，遇见神的日子。

3

哦！神啊！

哦！神啊！

一、新生命

一夜之间重生

一夜之间变成健康的人，这怎能不使我激动、感恩呢？面对这样令人惊叹的奇迹，心里实在不能再怀疑，为此真是感激不已。"哦！神啊！"曾经是个不信且拒绝神的人，竟在一夜之间遇到了虽肉眼不能看见，却是活着的神。当我徘徊在死亡幽谷时，是祂赐予我健康的新生命，想到这里，不由得在神面前屈膝敬拜。

从现在起，我总算像个人了。别人能听的声音，我也能听得到；别人能吃的东西，我也能吃；别人能做的事，我也能做了。有一件最想做的事，就是赶快去教会。于是，开始寻找挂十字架的教堂，结果竟发现教会处处林立，我反而犹豫了。"真不知道要去哪个教会才好。""我们小店后面不就有个教会吗？近的地方会不会比较好？"于是，妻子与我就决定去这个最近的教会。

迈向教会的步伐

主日终于到了，以喜乐、雀跃的心情去教会，每一步都是难以形容的轻快。看着我们一家人是那样地美好、那么的心满意足，仿佛这世上再无他求了。妻子挽着我的手臂，年幼的女儿牵着我的手，我们一同向着新生命迈出了第一步。

"爸爸，我们为什么要去教会呢？"女儿因为全家人好久没有一起外出显得既兴奋又好奇。

"因为我们要去向神说：'谢谢祢！'就是去向神献上感谢，让爸爸恢复健康，又使我们这样喜乐。"

当我们走进教堂，我实在无法压抑内心感激之情。"将我救活的神啊，谢谢祢！"

欢迎、接待我们的圣徒是那样地亲切，一坐到位子上，我的情绪又激动了起来。"神啊！今天我们全家人一起来到教会，我为没能够早点认识祢而深感后悔，我竟不知这是如此美好又喜乐的事！"

当轻柔的赞美声传入耳际，平安的感觉涌入内心时，有如回到故乡般地宁静。讲台和宏伟的十字架不再陌生，摆饰的美丽花朵，好像欢喜地为神而盛开。而起立齐唱诗歌与朗读启应经文的弟兄姐妹们，如同军队般井然有序。我随着歌声起唱，并用微弱的声音读了启应经文，心中毫无尴尬之情。待大家一起坐定，接下来是代表祷告。在宏亮的祷告声中，我的双眼的热泪，顺着两颊倾流而下。

接下来是诗班献诗。唱诗班整齐划一地起立，那洋溢喜乐的面容，尽心尽意唱的诗歌，再次使我深受感动。那歌声，好似要穿透云霄一般。之后由牧师传讲神的话语，他讲到主耶稣的慈爱和恩典。虽然我不能完全领会牧师所讲的，可是内心却充满着感恩和喜乐。正在讲道的牧师，此时在我眼中变成了一道光，那令人震惊的光芒照射下来，也照在我们夫妇的身上。

当大家一面唱诗、一面奉献时，不知怎的感到自己奉献的太少，于是决定下次一定要献上更多。这是第一次与妻子一同做礼拜，聚会当中，我看到妻子一直压抑着要决堤的泪水，而我的眼泪早已止不住了。但我并未因此而感到难为情。

礼拜结束了，依然不想离去，于是我仍坐在位子上向神祷告……

成为向神祷告的人

"神啊！祢真是活着的神。今天我与妻子还有孩子来到教会敬拜祢。请祢原谅我过去的无知，自以为有知识而不肯认识神，请帮助我这新生的生命，我相信是神医治了我的疾病，请祢以此大能引导我。从此以后，活着的神啊，请祢帮助我，也引领我行未来的道路。"

我的心中充满喜乐、平安和坚定。我们一面敬拜神，一面领受无限的喜乐和恩惠。

自那天起，我们每天屈指等候主日的到来，每逢主日就关起店面，以喜乐的心到教会敬拜神。

因急需圣经和诗歌本，我们花了好些天的时间来凑钱，才买了厚厚的圣经和诗歌本。虽然没能买好的，但想到里面写着医治我的神的话语，就觉得格外宝贵。

平时就有看书的习惯，在病痛中，更将读书视为生活上的乐趣。一买到圣经就迫不及待地开始读，整天看也不觉厌倦。越认识主耶稣就越对自己的愚昧感到羞愧，对神的能力感到惊奇和感谢。

每到晚上，就向神唱诗赞美和祷告。

"奇异恩典，何等甘甜，我罪已得赦免；
　前我失丧，今被寻回，瞎眼今得看见。
　如此恩典，使我敬畏，使我心得安慰；
　初信之时，即蒙恩惠，真是何等宝贵！"

每次唱诗歌，都激动的泪流不止，内心激动，总是不由自主地举起双手，好像主耶稣就站在我眼前。

"主耶稣啊！我曾不认识神，却装作认识，还藐视信主的二姐，对她大声喝斥：'神在哪里？'

主耶稣啊！我曾嘲笑那些努力唱诗祷告的人，想他们是不是疯了？看到那些流泪祷告呼求神的人，就厌恶他们为什么又哭又闹。

主耶稣啊！我因玹信爱劝事没按我的心意为我祷告而失望。看到那些人见证神医治了他们的绝症时，我怀疑是不是真的？我相信祢愿意赦免我这无知、愚昧又骄傲的人。

主耶稣啊！祢将我从死亡中救起，赐给我新的生命，从悲伤中救起，赐给我喜乐；从疾病中释放，赐给我健康；纵有万口，岂能向您表达我感激之心呢！

神啊！祢是满有慈爱的神，有惊人大能的神，愿荣耀归于祢。

主耶稣啊！我能拿什么报答祢的恩惠？我没有财物，用什么来报答祢呢？除了这一身之外，一无所有。愿将我这颗最珍贵的心献给祢，请接受这刻骨感恩的心。"

我常这样唱诗、赞美和祷告，往往不知时间过了多久。

该做些什么

结束了七年卧病在床的生活，终于可以好好过正常人的生活了，于是思考自己该做什么。我要为受苦至今的妻子与孩子们拼命工作，尽一家之主的责任，还要尽心竭力报答那位赐我健康的神。

虽然有堆积如山的债务，但我相信活着的神会帮助我。既然已恢复健康，就当毫无畏惧，因此就有了信心。要做生意才能还债，我却没有做生意的本钱。债务多到已无处可贷，而我也不想伸手向尚未信神的兄姐们借钱。那时（一九七四年）光算利息，每个月就要还四万韩币。而按照我所能做的工作，每月薪水也不过两万韩币，所以单靠出去上班，是难以还债的。

因蒙了神的恩惠，决定每个主日一定要去聚会，所以不管什么工作，薪水给得再高，如果主日不休息就绝不考虑，因此更不易找到合适的工作。正当心里为此犯愁时，一位很熟的技术劳工朋友，极力地劝我去做体力活。因没有经验，又担心自己的体力无法承受，就准备婉言拒绝，可他说只要我和他在一起，就有办法叫我不太劳累。

左思右想后，我下了最后的决心："活着的神，既然一次就能赐给我健康。如今，我为了报答神的恩典而守主日，我相信神也能一次就赐给我物质上的祝福。而在神为我开启这条路之前，即便是体力活，我也愿意做。既然我有健康的身体，那就没有理由不工作！"

靠着坚定的意志力，平生第一次去做体力活。但是再怎么努力，我也只能完成别人工作量的一半，因此曾好几次想要打退堂鼓。"若连这个都胜不过，那我还能做什么？"凭着这样的意志，我坚持了下来。常常是回到家因全身疼痛而整晚呻吟，第二天一大清早，就又出去工作。

变成和睦的家庭

见到我如此转变，妻子虽不忍心我这样辛劳，却又为我这样的努力工作而感到欣慰不已。妻子见长期在病中挣扎的丈夫，现在竟为了家庭而如此认真做事，心中拾回久久没有的幸福感。女儿们也常像其它家庭一样引颈企盼外出工作的爸爸回来，每天一到家，就攀着我的脖子欢迎我。

深深感受久违的家庭之爱，妻子和女儿们是这么的可爱，家庭一天天地和乐起来，这怎不令人欣喜呢！家庭气氛一日新似一日，如同旭日东升般，前面的路既光明又宽广，每天的生活都充满喜乐。我和妻子一同向那位赐我们新生活的神唱诗赞美：

"我如今得着神所赐新的生命，
　那生命如江河般，自心中涌出，
　那爱如日光，自心中照耀，
　我要尝永生之味，活在主里面，
　今日、明日，都活在主里面。"

二、让我能饶恕

返乡

一九七四年七月十日是父亲的生日，我们决定返乡为父亲庆祝生日。

经历了长久的争吵和痛苦，重拾爱与平安后，家庭生活第一次充满幸福，此时的我对未来有美好的憧憬。

过去，每当想起自己患病时把我视为废人、见到邻居就会不好意思的家人，心里就十分不愿返乡。但是现在我遇见了神，身体又恢复了健康，所以决定要忘记过去令人心痛的种种往事，要喜乐的返乡看看。而且回去又可以向他们夸耀那位医治我、使我更新的神，因此返乡的心情就格外地轻松了。

哦！以健康之躯、欢欣之情踏上返乡的旅途，已隔几年之久了呢。山川草木在车窗外一一闪过，整个世界是那么地美妙！

父母亲、兄长、嫂嫂、姐姐和姐夫，以及外甥、侄儿们，全都聚集在一起，如此一个大家族，好久没有这般尽情地吃喝，并与村子里的长者们一起庆祝父亲的寿宴了。父母兄姐及村子里的长辈们做梦都没想到我的病会好，看到我健康的样子后，都震惊不已。

"真是奇迹啊！这明明是你的福气，可你却说是神医治了你，是真的吗？这实在令人难以置信啊！"他们祝贺我的身体康复，却无法相信神医治我的事。但听到我得医治的消息后就马上除掉偶像及佛坛、开始去教会的妈妈，则在一旁努力传扬活着的神。"他说是神医治了他，你们为什么不相信？我费了那么大工夫去拜拜祈求都未见好转，他和他姐姐一起去祷告后就完全好了，你们要相信治好小禄子的神哪！只有真神，只有真神才能办到！"

好不容易儿女们能快乐地聚在一起，大家终日笑容满面，父母亲的满足之情溢于言表。看到数年之久才寻回健康的我，终于可以放下心里的重担，这是令二老何等高兴的事呢！

离家出走的妻子

寿宴结束后，母亲叫住正为返回首尔做准备的妻子。不知道是不是为了一年前曾痛苦说："死就是尽孝"的话过意不去，便说："媳妇，辛苦你了。因你的八字太硬，所以一结婚丈夫就病倒，你也费尽心血，吃尽苦头。从现在起，你就当是厄运已去，你们好好地过日子吧！"母亲的话一说完，妻子脸色立刻大变，身子也颤抖起来。

"您是指孩子他爸生病是我的缘故！"性子刚烈的妻子，忽然站了起来，大声喊着说："我知道了！不是离婚就可以解决的吗？那就离婚吧！"妻子开了房门便往外跑。"弟媳，这是误会啊！怎么可以这样呢？"妻子甩开跟在后面拦阻的姐姐，就跑出家门了。

当时我正与父亲、兄长们坐在酒席前。得知妻子跑出去的事后，就向母亲说："妈妈，您怎么这样说话？应该安慰她在我生病期间所吃的苦才对，怎么反倒说是她八字太硬，才使丈夫病倒……"明知母亲平常就不擅于表达，并且语气生硬，但我实在是按捺不住了。这时心想：妻子是空手跑出去的，只要在外面走一走，等心情好些，应该就会回来了。这么想着、等着却仍不见妻子的身影，于是开始担忧起来。

"她还能去哪里？等下应该就会回来了。在等她回来的时候，我们谈谈吧。""其实，今天这种情况都是因为弟媳太固执又不知节制。我看就借此机会好好地治治她的毛病吧！哪有婆婆一句话就跑出家门的媳妇，实在不能原谅！"表面是在安慰我，实际却是在批评我的妻子，这实在令我心痛。

"本来家庭可以幸福地生活了，现在却演变成这种局面……"心理难过得无法再等下去，所有的梦都已破碎了。一股虚空感使我无法再压抑自己的情绪，冲进厨房拿了一瓶米酒，大口大口地灌下后便借着酒疯，把心里的话一股脑儿倾泻出来。"当事人不在这儿，你们还要背后说人家的不是，这就是在安慰我吗？如果真是这样，我宁可一死了之！"正洋溢着幸福的家人，看到我表现得如此愤慨，都不知所措了。妻子离家出走的骚动，演变成最后我要自杀的混乱，结果父亲受到极大的冲击，之后父亲双目失明。70多岁的高龄仍然坚持读汉文书籍、读报纸的父亲从此再也看不到什么了，现在回想起来真是令人痛心的事。

我能理解妻子的感受。"身为媳妇，非但没有受到肯定，反而被婆婆数落，怎么不令人心痛！在七年不算短的岁月里，她只为丈夫生活……"我无法这样眼睁睁地等下去，难道妻子从此销声匿迹了？想到妻子可能胜不过内心的伤痛而独自回首尔，于是，我也返回首尔去找妻子。

带着大女儿美英，深夜坐上火车。回首尔的路途是那样地漫长，心里焦急万分，只想快点见到妻子。

一到家我就竭力喊："老婆！开门啊！我们回来了！"本以为妻子会出来开门，但家里好像没人，于是跑到店里，却见店门仍关着。回家的路上，只觉得脚步异常沉重，心中充满了空虚。

破灭的家庭

我的心渐渐不安起来。这幸福是花了几年才寻回的？我不能连妻子的面都没瞧见，就失去幸福。一句话也不留给我，丢下两个幼女就离家出走的妻子，虽然毫无线索可寻，但我仍决定要再去寻找。

次日，妻子回到家里，但已变成了另一个人。

我认为她总不会离开我，但现在连这个希望也破灭了。

"我要离开你！我已回木浦乡申请离婚了。"妻子的决心坚如铁石，我愣在那儿，连说话的勇气也没了。

再次日，妻子和娘家的人突然来到，要搬走所有的嫁妆。

"我不再是这家的人了！"

一阵秋风扫落叶，连一双袜子也不留下的妻子和岳父家人，竟连店铺租金也要取走，我实在无法继续看下去。

才五岁的美英抓着妈妈的裙角哭着说："妈妈，不要走！和我一起住。"

死前见真光

"心要狠，一点情面也不能再给，连头都不能再回！"在女儿和亲家之间的妻子将女儿推开。

　　美英再跑上去抓住裙角哀求："妈妈，你不能走！你走了我们怎么办……"

　　然而，妻子竟头也不回的坐上车走了。原本在地上打滚哀求、鞋子也松了、还继续哭着跟上去的美英，此时却不再哭泣。

　　"爸爸！她不再是我的妈妈，我不会再叫她妈妈了。以后我们不准她再进家门！"

　　我对美英的话大感震惊，一个小孩子竟能说出这样的话！我的内心好似破了一个大洞，空虚和悲伤立刻涌上来。妻子难道真的是铁石心肠，真的已办了离婚手续？

　　从那天起，我就开始祷告："神啊，我的妻子离家出走了。求神再次使她回来，使这个家庭成为紧紧依靠你而和睦的家庭。家里还有年幼的孩子，求神叫她回家吧！"这样祷告持续了十五天左右。其间，我仍常去妻子可能落脚的岳父家中，还有她的亲戚家到处寻找。

　　"现在她已经不再是你的妻子了，不是吗？不要再找了，放弃吧！你再怎么找也找不到她的，你自己也做再婚的打算吧！"丈母娘为了不让我们见面，就在门口严拒了我。虽然对那举双手赞成我们离婚的岳父家人感到厌恶不已，但我实在别无良策。

　　自从妻子离开后，我将美英送到乡下她祖母家里。有一天，我听到美英在乡下染上了恶性皮肤病，受尽煎熬，最后送进医院的消息。乡下的家人还说美英入院后，因发高烧在意识不清中一直喊着要找妈妈。而且有生命危险，希望妻子能下乡看看她。

于是鼓起勇气，再次到娘家去。没想到岳母却说："这样更好！原本美英是你和我女儿心头上的重担，这样一来你也可以轻松地再婚了。"结果美英还是没能见到妈妈，却奇迹般地好了起来。

我无法再忍受如此的生活，对人心的恶毒也感到无比的厌倦，于是开始走向堕落的路。虽然我曾遇见神，也经历祷告蒙应允的恩典，但因没清楚了解神的话语，因此当极大的痛苦临到我时，就无力胜过。

我开始喝酒，常喝得酩酊大醉，也开始恨导致我与妻子分离的母亲和因婆婆一句话就要离婚的妻子，更恨百般求情仍严拒于我的岳父家人。为了忘记这些仇恨的人，我只有靠酒麻醉自己了。

可怜两个幼女，虽然父母都在世，却无法在双亲的爱中成长。为了要忘记她们，我开始抽烟，唯有借着在空中消散的烟雾，才能赶走她们的面容，心里也才能觉得舒坦些。为了要忘记这一切的痛苦，我花尽所有赚来的钱娱乐自己。

抓紧耶稣来支取能力

可是不久后，我的心却越来越郁闷。"我不能就这样失去好不容易得来的幸福！"我忍不住激愤而大声疾呼。于是神开始启示我，"将健康赐给我的就是神，也只有这位神才能将我从目前的绝望中救出来。事情不会因我这样麻痹自己就能解决，不管我怎么挣扎不想失去幸福，但都无法挽回了。既然这样，就把这一切交托给神吧！"

因此，我开始面对家庭已被破坏的事实。

"家庭"是因男人离开父母与妻子连合，二人成为一体而建立起来的（参考创世记二章24节）。身为丈夫或妻子的，若因不合对方父母的心意而被迫离开家庭时，这个家庭就被破坏了。虽然因妻子离去而尝到家庭破碎的痛苦滋味，但我不能连神也背弃，因此我抓住了神，为要重新得到力量。

"脱离捆绑忧愁与黑影，耶稣，我来！耶稣，我来！
脱离失败羞耻的结果，耶稣，我来！耶稣，我来！
进入十架荣耀的恩泉，耶稣，我来就祢！
脱离痛苦，进入祢安宁；脱离风波，进入你平静；
脱离怨叹，进入祢诵称，耶稣，我来就祢！
脱离自己，住在祢爱里；脱离愿望，等候你来提，
离地上腾，如鹰展双翼，耶稣，我来就祢！"

与我结为夫妻并生育儿女的妻子，虽曾和我一起胜过苦难并接受了主耶稣，现今却离我而去。然而这件事却使我更确实地领悟到"唯有神爱我到底，绝不抛弃我。"

我终于和妻子离婚了。在我病痛中，妻子最常挂在嘴边的一句

话就是："等你的病好了，我就和你离婚！"我通过神的话语明白了，她常说的这些否定的话，累积成为撒但的网罗，现在真的实现了。

"人因口所结的果子，必享美福，奸诈的人，必遭强暴。谨守口的，得保生命；大张嘴的，必致败亡。"（箴言十三章2-3节）。妻子常用否定的话撒种，真的吃到自己口所结的果子，这是多么令人惊讶的事实啊！

在乡下听到我与妻子离了婚的父亲卧倒病榻，母亲看不下去就常劝我再婚，但都被我婉拒了。

"妈，除了美英的妈妈之外，我不会再和其它女人一起生活。她一定会回来的！"

由于拗不过母亲几个月来的纠缠，后来还是接受了母亲的劝导去相亲。

女方是事亲至孝、天性善良且尚未出阁的女子，我实在难以相信，在相亲的地方，坐在我对面的她，竟然就是我心目中理想的对象。由于彼此中意，双方便开始准备婚事了。

而就在正准备婚事的某一日，与我离婚的妻子竟然找上门来，说有要事相谈。说着便投入我的怀中，嚎啕大哭起来。"是我的错，都是我的错！我犯了该死的罪，请你饶恕我吧！"

但那时的我，早已决定要忘掉妻子，开始过崭新的生活。尤其因妻子抛夫弃子，留给我满心的怨恨，所以对她的感情也日渐消失，所留下的只是无法磨灭的恨意。这时心想"如果神是我，在这种情形下，祂会怎么做呢？"

于是我开始祷告："神啊，妻子回来求我饶恕她。祢说过要饶恕七十个七次，现在我该怎么做呢？一想到她离家出走带给我的伤痛，我心中就充满恨意，而且我也已有再婚的对象了。但对两个女儿来说，生母却比继母好，我究竟该怎么办啊？求祢引导我！"

祷告之后，我对离婚的妻子说："就算我饶恕了你，我的父母亲和兄长们也不会饶恕你的，你回去吧！"

然而妻子不改初衷，继续说："我要一一求得他们的饶恕，就算死我也是这家的人，我不会再离开了。"妻子如绵羊般地温顺，却又是那么地坚持，和离开之前简直判若两人。

我决定原谅妻子。但有条件，就是妻子能无条件地顺服丈夫，并且和娘家的人一起来向父母兄长、亲戚赔罪，我就再接纳她为妻子。妻子竟照我的话全都做到了。

之后，即将要成为新岳母的那位女士找上门来："我女儿哪里不好，你为什么要解除婚约？怎么可以这样呢？"在我将实情全盘说明之后，很意外，她竟然谅解了我。

妻子重回家门

饶恕了与我离婚的妻子，并与她重修旧好，那是妻子出走后约一百二十天的事情。在妻子离家的期间，神改变了只求自己益处的妻子，使她如羊般温顺。很久以后，我领悟到这也是神旨意中的一部分。

已近深秋的一九七四年十一月初，妻子提着行李重新回到家里，我们又重新建立起一个幸福的家。

虽然因妻子离婚的事吃了许多苦，但知道神是活着的，所以每逢主日必到教会，从未间断过。可是因为教会没有积极的带领，无法更进一步了解真理，于是在搬家后，经房东的建议，我参加了玉水洞城东教会举行的培灵会。

妻子温顺如羊而又坚定，和四个多月前判若两人。我们夫妇以崭新的心认真参加晨祷会、日间聚会和晚上各样的聚会，从未缺席。每次聚会都将预备好的奉献金献给神，又坐在称"黄金座"的首排位置祈求神丰盛的恩典。

我这才明白圣经是神的话语，耶稣是谁、祷告的方法、十一奉献、感恩奉献以及什么叫信心。

我一直以为自己为人良善，但透过神话语的光照，才认识到我是一个罪人，便自始至终痛哭流涕地做了悔改。

妻子听了路得记的信息后，更是彻底认罪悔改。路得死了丈夫，却仍至死侍奉婆婆拿俄米，这使妻子悔悟自己当时只因婆婆的一句话就离家出走，甚至为此犯了离婚的罪。

"妈，我错了！从今以后我要像路得一样，做个好媳妇。"

听到我要和黄花闺女结婚的消息，妻子甚为震惊，为了得到饶恕，她虽曾向我恳求，但是对婆婆却仍怀恨在心。而如今，她心意已渐渐更新，不再充满仇恨了。那时，神的恩典充满了我，戒了烟和酒，也清楚觉悟到"若真的爱神，应当如何去行。"

死前见真光

从那以后，我向神祷告，祈求神除去留在我里面的恶。

求主帮助，使我能饶恕

"凡恨他弟兄的，就是杀人的。凡杀人的没有永生在他里面。行不义的或不爱他弟兄的，就不属乎神。"牧师的话深深刺入我的内心，于是我为了按照神的旨意生活而恳切祷告：

"主耶稣啊！我想起曾逼迫我，叫我是废人、骗子的岳母，请释放我心中的怨恨，使我忘记这一切。

主耶稣啊！我曾厌恶那埋怨我无法尽丈夫责任、无法赚钱的妻子，我曾说只要我的病好了，就要赚大钱报复她。求主融化我这怨恨的心，使我忘记这一切。

主耶稣啊！我仍记得我的父母兄长们不愿再照顾我、希望我死掉、逼迫我的那些日子，求主帮助我，除去这些怨恨，使我能饶恕他们。

主耶稣啊！那些不了解我，只因我无法赚钱，就任意辱骂我、逼迫我的人，我曾恨他们。只要你有利用价值，他们就可以一直称赞你到口干舌燥；若讨厌你，就任意践踏、唾弃你。现在，求主帮助我，使我对他们的恨转为爱。求主帮助我，让我能饶恕所有的人。"

我们夫妇在每次的培灵会，都流泪哭泣。为悲伤的往事而哭，也为感恩而哭，更为神赐给我们一颗能饶恕人的心而哭。

"将恨改变为爱的神啊!

将怨恨改变为饶恕的神啊!

将不幸变为幸福的我主、我神啊!

我们将感谢归于大能的神。"

透过培灵会具体了解神的旨意的我,从此戒掉了烟酒,开始做晨祷,殷勤读经,努力遵行神的话语。

神借着妻子如同狂风暴雨般出走的打击,离婚、再复合等一连串的事,在祂的美意中,栽培了我们完全的顺服和爱。

三、直到走完人生旅途

如狂风暴雨后的宁静，我们的家庭也因妻子的返回，渐渐地重新恢复祥和。妻子在得到婆家的饶恕后，更认真的过日子。全家人看到妻子的改变都很高兴，而我也原谅了她。抱着新的梦想，我体会到真正像"人"的生活。

我心想："若披上那位能瞬间行医治大能之神的力量与爱，过世上的生活，就没有其它比这更可羡慕的了。度过如此喜乐和平安的日子后，又能到天国那美好无比的地方居住，这是多么令人喜悦的事啊！天国里没有眼泪、悲伤、痛苦和疾病，在那里可以永远活在神的爱中，这是多么美妙的事啊！"

曾因疾病受过痛苦，所以我特别渴慕没有疾病的地方；曾因被世人蔑视，流了无数的眼泪，心里受到许多的伤痛。因此一听到有天国这样的地方，我即确信不疑，且渴望到那美好地方。

在认全知全能的神为父的生活中，祂保护我、带领我、爱我，我确信我永远是神的儿子，我也将前面的道路完全交托给祂。

"阿爸父神啊！

从今以后，祢就是我的父，我是祢的儿子。

我要像神的儿子一样生活，也求祢常看顾我、

带领我、教导我、帮助我。

不管是在地上或天上，

祢是我的父，直到永远。"

爱神的人

有一天，从信息中得到许多的恩典。

"爱我的，我也爱他；恳切寻求我的，必寻得见。"（箴言八章17节）

我不太明白这句话的意思，但我愿意努力爱神，并得到神的爱，我愿恳切寻求神，并遇见神。从那时起，我的生命有了日新月异的变化。

不管任何聚会，我绝不缺席；主日早礼拜、主日晚礼拜、周三晚间聚会等，以参加所有聚会的方式来表达我对神的爱。一听到神的话语，就竭力去实践出来。

可是，我并没有完全明白聚会时听到的信息，因在信仰上没有人引领我，光靠着自己的努力，实在是无法彻底了解神的话语，但我仍在所能做的事上努力。

对"凡事谢恩"这句话心有所感，因此我一面听着这句话，一面开始想："我真的为每件事感谢神吗？"

我的确是为每件事感恩，虽然如此，我仍自我反省：

"神啊！

我愿凡事向祢感恩。

但是在劳动时，因太吃力就无法向祢感恩。

在神看来，我并没有真正做到凡事谢恩，
求神帮助我，使我能完全感恩。"

　　我像孩子一样与神说话，从内心发出祷告，神使我明白自己是否真心感谢祂；我是那样谦卑地在神面前，而祂也使我明白为何要感谢祂。

　　那时，我仍做体力活，每天大清早就出门，一整天都忙碌于工作，到了晚上就因疼痛而呻吟。这期间，我几度想打退堂鼓，但每当有退缩的念头时，就以"唯有忍耐才能胜过一切"这句话来激励自己，然后继续做工。

　　随着时间的流逝，身体是越来越不易疲倦，食欲也越来越好，食量增加了，不管吃什么，都能消化得很好。于是渐渐变得更健康，不管多么吃力的工作，都有信心可以胜任。

　　终于明白神为何迫使我去干体力活的理由，这使我不得不在这位全知全能且有丰盛慈爱的神面前献上感谢。

"神啊！
　　我感谢祢。
　　促使我劳动的神，有谁明白祢的旨意呢？
　　我知道了，
　　我明白神智慧的方法和神无比的大爱。"

哦！神啊！

大病初愈，为了使长期缺乏活动的虚弱身子健壮起来，神将祂训练的方法——"劳动"施展在我身上，为此由衷地向祂献上感恩。

在勤读神话语的期间，祂的话成为我生活上的路标，使我能活得更像神的儿子。

有段日子常失眠，我便展开梦想的翅膀，计划要如何充实神所赐的新生命，常因心中充满希望和理想，而兴奋得无法入睡。

和乐的家庭

我最大的愿望就是：遵照神的话语生活，建立一个和乐的家庭。因相信神必应允，于是我便屈膝向全能的神祷告：

"引导我们的神，

感谢祢赐我们家庭喜乐与生命，

感谢祢赐我信心。

只要我活在世上，就赐我更宝贵的信心。

愿赐我更宝贵的盼望，

愿赐我更宝贵的爱。

认识主以前，

因无信心，只有痛苦。

因无盼望，只有悲伤。

因无爱心，只有纷争。

如今，我真心爱主。"

"我愿成为爱妻子的丈夫，

　　也愿妻子服侍丈夫，

　　并与儿女一起建立和乐的家庭。

　　直到走完人生旅程。

　　因信心，使我幸福。

　　因盼望，使我喜乐。

　　因爱心，使我和睦。"

　　为了让过去痛苦岁月的影子从此丝毫都不再进入我的生命，我极其热切地向神祷告。我的家庭凭着信心祈祷，成为洋溢平安、喜乐、感恩与和睦的家庭，成为充满爱与和平的幸福家庭，成为充满赞美和祷告的美满家庭。

　　然而，经济上我们仍有困难，因为在妻子出走和离婚期间，妻子所经营的店因停业之故，尚未清偿的利息如滚雪球般地增加，家庭陷入经济上的困难。

　　我宁可自己饿肚子，也不带给他人困扰，因此就为偿还债务而拼命工作。职业不论贵贱，什么事我都愿意做。我做过送煤球到公寓的工作；妻子也曾到仁川批进腌渍蛤蜊来卖，也卖过海带，还做过捡石块的工作。只要能赚到钱，我们不会感到不好意思。我们以更认真、更喜乐的心工作。

成为荣耀归给神的人

心里的第二个愿望就是："成为神的儿女，愿在工作上蒙神赐福，能尽情帮助那些贫穷可怜的人。"

因为我相信神是赐福的神，所以每次都将工作摆在祷告中。

"因我相信神是赐身体健康的神，

也是赐福的神。

直到现在，我一边努力工作，

一边等候神赐我更好的工作。

既然要赏赐，就请神快快成就，

神了解一切的情形，

故我相信神不但会赐我合适的工作，

更会赐我出人意料的福分。"

若要尽一家之主的责任，做神的事工，就必须要在物质上蒙神赐福，为此我做了这样的祷告。

我希望将来能担任长老的职分，想要为神做更多的事，所以心更加火热。而且为了神的荣耀，拒绝了一切来自人的帮助。二哥说要提供我做生意的本钱，我也婉拒了，恐怕以后虽蒙神的祝福，却不能将荣耀归给神，反说是得力于二哥的帮助。而后又遇到一份月休两个主日的待遇优厚的工作，但因这将使我无法完全守主日而断然拒绝。

薪水再怎么高也不能违反主日！如此只要和神的话语相违背的工作，再怎么好我都拒绝。相信只要神开启我的道路，就必蒙神无比的赐福。虽然当时做的是体力活，但我仍然努力地工作，并等候神。

成为传道的人

我有第三个愿望：

"医治一切疾病的神啊！

我相信祢会赐我们全家大小健康的身体，

并保守我们，使疾病无法接近我们。

因病得医治而得以认识且相信祢是永活的神。

世上像我这样受疾病折磨的人何其多啊？

主啊！我愿将祢这位活着的神传给他们。"

因此只要一有空，就去传道。努力地传讲神如何医治了我，那许多的病是如何得医治的，也讲述神多么地爱我们，信耶稣会如何地蒙福。我边做边向周围一同工作的人传福音，向所有的亲戚传，也向邻居传。

任谁看了我们的生活都不会觉得快乐，但我们却过着喜乐的生活；看起来没什么可感恩的理由，但我们却过着感恩的生活。不只是我，妻子和孩子们全都如此的喜乐，对我们来说，再也没有什么能比去教会更喜乐的了。

从那时起，家里常有不绝的赞美声，孩子们载歌载舞赞美神，有什么比这更美的呢！在我眼里，孩子们是这么的美，我们天上的父看了，该有多喜悦啊！

我们家先前因没认识神而度过了数年痛苦的岁月，但自从认识了神，接受神的爱后，便幸福起来了，我们看到了天国的盼望，因此不再羡慕这世上的荣华富贵了。

我们夫妻俩喜乐地向邻舍传福音，并且喜乐地守主日去教会。不知不觉，我的嘴里哼起赞美诗，我们夫妻俩一起赞美神：

"救世主凡事引导我，我何需别有所求，

主爱怜，我何需多疑，我一生蒙主眷佑，

今因信，享天上平安，蒙安慰，何等喜乐，

我深知，无论遇何事，主必为我安排妥；

我深知，无论遇何事，主必为我安排妥。"

4

试炼生盼望

试炼生盼望

一、我是罪人

怀着新的梦想向前迈进的时候，我们身上临到了一件蒙神大大赐福的事情。

那是一九七四年的十一月，锦湖洞圣洁教会举行培灵会。他们邀请基城教会的朴丙玉牧师为讲员，并以"宁弃一切为乞丐"为主题。周一晚间聚会时，牧师特别走到台下，为我们夫妻按手祷告。

次日上午，我们因有事没能参加聚会，听说牧师在那次聚会中寻找我们夫妻，并说："这次培灵会是为一对夫妻准备的，所以请他们不要错过任何一场聚会。请他们的邻居朋友务必代为转告。"于是，我们自周二晚上的聚会起，每堂都出席。

通过牧师的讲道，知道了神是创造天地宇宙万物的神，明白了神因为爱我们，差派了祂的独生子耶稣来到世上。但我并不完全理解那些信息里面的神深深的旨意。为了更明白神的旨意，我迫切地祷告，神就在圣灵的感动当中，使我仔细领悟。

相信神是创造的主

初信耶稣的时候，若不承认"我是罪人"是不可以的。若不承认自己是罪人，就表示无法相信耶稣为我们的罪背十字架。马太福音一章21节记载着说："她将要生一个儿子，你要给祂起名叫耶稣，因祂要将自己的百姓从罪恶里救出来。"

我们若承认自己是罪人，就要相信神创造了天地万物，也创造了人类。祂掌管世界的历史，也掌管人类的生死祸福。因此，在圣经的开头，创世记一章1节说："起初神创造天地。"神创造了昼、夜、天、地、海洋、植物、日、月、星辰、动物和万物。

创世记二章7节说："耶和华神用地上的尘土造人，将生气吹在他鼻孔里，他就成了有灵的活人。"说明了创造人的过程。并且还说'神造男造女又赐福给他们，叫他们生养众多，遍满地面，治理这地（创世记一章27-28节）。'这就是以创造主神的智慧，设计、创造并主管宇宙万物的创造论。

当今世界流行的学说是进化论。进化论主张生命是偶然产生的，并不断进化，但是进化论又被进化论学者逐渐否定了。

生命的起源基于创造论还是进化论，决定人们的生存方式迥然不同。主张进化论的人依据人本主义的思想而任意吃喝，并将一切盼望放在今世。相信创造论的人则是以神为本，按着造物主的旨意生活，为天国的盼望生活。

那么，创造论和进化论中，我们应该相信哪一个呢？

举例来说吧！盖一栋大厦，会有哪些过程呢？不是先要有建筑师吗？按照他的心意，运用他的智慧设计出美丽的蓝图，然后再按照蓝图施工建筑。

大厦无法在偶然中建立起来，不管是电视或是收音机，所有的物品皆是如此。同样地，这个世界是由创造天地万物的造物主神设计、创造的。

人是怎么被造出来的呢？

人是怎么样被造出来的呢？神用地上的尘土照着自己的形像造人。神如同陶匠一样以诚挚的爱塑造出人，又将生气吹在人里面。

因此，祂所造的就成为有气息、有灵的活人。血液能循环、能呼吸，变成了有生命、能活动的人。这就好像电视，只要通上电就可以看到画面，听到声音，发挥电视的功能一样。连人类也能做出这样的机器，难道神就无法创造出能思想、会说话又会活动的人吗？

神与亚当同行，教导他明白天地万物是如何运行的、灵界的法则和真理的话语。

"要生养众多，遍满地面。"

"要治理这地，也要管理各样的活物。"

"园中各样树上的果子，你可以随意吃，只是分别善恶树上的果子，你不可吃，因为你吃的日子必定死。"

"人要离开父母与妻子连合，二人成为一体。"

如此，神一一的教导：祂是谁；人作为万物之灵长该如何生活。

神为什么创造人类？

神在创造天地万物之前，与天军天使在一起，但祂还是创造了人。神明知祂所造的人起初会顺服，但后来不会再顺服，却仍创造人。祂为何要这样呢？

这就如人生养儿女一样。我们知道这需经历十月怀胎和生产之苦。明知养育儿女是很辛苦的，但人仍然生养儿女。这是因为父母想得到能与他们有爱的交流的儿女。

我们的天父也想得到与之互动的儿女。天军天使没有自由意志，像机器人一样，一味地顺服。因此，神创造人，赋予人自由意志，使人可以自由思想，并且教育人，给予人爱，也接受来自人的爱。

神为了得到能行在真理中的儿女，安排了耕作人类的六千年历史。这六千年的历史是亚当、夏娃不顺服神，犯罪之后的历史，清楚地记载在圣经上。

亚当与夏娃为什么会不顺服神呢？

神只教导亚当、夏娃"善"，并未教导过"恶"。当时伊甸园里并没有"恶"，他们在伊甸园里过了无数的岁月。在难以数算的岁月里生养众多，遍满地面。在这长久与神同行的岁月里，撒但绞尽脑汁想诱惑亚当、夏娃背逆神，它使用各样的手段和方法，最终利用了最狡猾的蛇。

蛇明白神的心意，然而因它狡猾，就被撒但唆使。

"神岂是真说，不许你们吃园中所有树上的果子吗？"（创世记三章1节）蛇如此问。

而夏娃则如此回答："园中树上的果子，我们可以吃；惟有园当中那棵树上的果子，神曾说：'你们不可吃，也不可摸，免得你们死。'"（创世记三章2-3节）

撒但试探了一下女人，女人却将神的话改了。听到将"必定死"改成"免得死"的撒但，就积极地诱惑女人，并正面抵挡神的话语。"你们不一定死，因为神知道，你们吃的日子眼睛就明亮了，你们便如神能知道善恶。"（创世记三章4-5节）

未能以神的话语抵挡撒但，且说了怀疑的话，因此撒但带给女人世上的贪念。于是眼目的情欲、肉体的情欲和今生的骄傲就乘虚进入了女人的心。"于是，女人见那棵树的果子好作食物，也悦人的眼目，且是可喜爱的，能使人有智慧，就摘下果子来吃了，又给她丈夫，她丈夫也吃了。"（参考创世记三章6节）。

自此，人类历史的悲剧就开始了。神使人治理这地，管理一切的活物，赐给支配万物的权柄。唯独吩咐他们不可吃善恶果，如此教导人遵守一切的秩序，敬畏神。但是人未能遵守神的话语，结果就成了罪人。

神曾警告亚当："你吃的日子必定死。"于是神照着公义将亚当和夏娃逐出伊甸园，在人身上作主的灵死了。

于是神将亚当、夏娃赶出伊甸园，并派基路伯把守通往生命树的道路，使他们无法进入。结果他们从属灵的世界被赶出来，成了灵"死"的人。

不但如此，更有许多的痛苦和咒诅临到他们。女人有怀胎的苦楚，生产儿女也多受苦楚；妻子必恋慕丈夫，丈夫必管辖妻子；地则因男人受咒诅，男人必汗流满面才得糊口，吃的是田园间的菜蔬，直到归于尘土；蛇比一切的牲畜野兽所受的咒诅更甚，要用肚子行走，终身吃土；又要和女人的后裔彼此为敌，女人的后裔要伤蛇的头，蛇要伤女人后裔的脚跟。

"土"的属灵意义是指由尘土所造的人。"蛇终身吃土"，即表示因亚当的不顺服，导致人类被蛇吃的下场——受魔鬼的支配。

亚当的不顺服导致严重的后果。身为万物之灵长的亚当自受到咒诅以后，他管理的天地万物也受到咒诅，继承亚当血脉的人类，也因咒诅而成为罪人。

"罪的工价乃是死"。因此，人就成为只能进入地狱的罪人了。（参考罗马书三章23节，六章23节）

不但如此，由于亚当的不顺服，他拥有的一切权柄都被转交到撒但手里（参考路加福四章6节）。因此这世界充满了痛苦、悲伤、疾病、流血和罪恶。

怎样才能得救呢？

然而，经上提到女人的后裔要伤蛇的头。那么，有谁能够拯救我们呢？天父已预知亚当的不顺服，而祂不愿意自己的儿女被魔鬼夺走，便预备了救赎的道路。

救赎的道路就是万世前所隐藏奥秘的智慧、透过耶稣基督成就救赎的十字架之道。

"神爱世人，甚至将祂的独生子赐给他们，叫一切信祂的，不至灭亡，反得永生。"（约翰福音三章16节）

"凡接待祂的，就是信祂名的人，祂就赐他们权柄，作神的儿女。"（约翰福音一章12节）

因我们只能走向灭亡，所以耶稣于二千多年前来到世上，代替了我们的罪，被钉死在十字架上。

神已为我们预备了永生的道路，因此凡相信被钉十字架死而复活的耶稣基督的人，都能领受白白所赐的救恩，并成为永生神的儿女。这是多么惊人的事实，也是多么值得感谢的事呢！神赐予我们的就是这样的爱，哈利路亚！

明白我们是罪人，重生成为神的儿女

我透过培灵会领悟了神奇妙的大爱。神将无比的爱早已赐给我们，而我们却不知已蒙这样的爱。

"父神啊！我是罪人。

我不曾认识祢，也不曾相信祢的存在。

我真诚的感谢祢差遣耶稣基督来到世上，

为我的罪被钉在十字架上受死。

我更感谢祢，借着医治的恩典，使我认识了祢。"

不知不觉中，感谢的泪湿了脸庞。若不是神的恩典，我仍在痛苦的深渊，而且仍是不认识神的罪人。

那样不就只能走死亡之路啊！想到我从神获得的爱比谁都多，就更感谢神。我既无功劳，又没有付出任何代价，就白白地得到神无限的爱。在未信祂之前就医治了我，为什么自己会得到这般特别的恩惠呢？

这曾使我困惑不已，但现在我明白了。因我明白了神的爱，所以就明白了这一切。全知全能的神知道我在蒙医治后，会感谢祂的恩典，更不会离开祂。又因为有二姐恳切的祈求，神垂听了二姐的祈求便医治了我。

为了报答神的恩典，我更认真地参加礼拜，也要照神的话语生活，在神面前一切都得以更新，成为蒙福的人。

"慈爱的天父啊！

感谢祢医治了我，又使我明白永生与救赎的道路。

感谢祢使我从此离开罪人的道路，成为神的儿女。

愿祢使我一切都更新，使我成为祢真正的儿子。"

二、主的十字架

在蒙神恩典的人中，论到蒙神的恩典有多少，我应该是破记录的人吧？仅四个月时间妻子就变得像羊一般温顺，家庭也变得和睦了。七年的疾病后，恢复了健康，成为心存喜乐、认真生活的人，每当想到这一切，就将荣耀归给那位借着试炼赐人盼望的主。

从此以后成为神的儿女

因为清楚知道自己本是个罪人，从今以后我要按神的旨意生活，并且立定心志要成为祂真正的儿子。"我要怎样才能按神的话语生活呢？"

这是我的目标和课题。因渴慕神的话，所以四处奔走参加培灵会，听神的话语，经历祂的恩典。后来开始细读圣经，视每个字都宝贵，并开始努力离弃罪恶。我读经，听道，更坚守主道，实行主道。我若不如此行，就会感到烦闷不安。若是无法马上离弃某个罪或难以持守主道，我就禁食来得到神的帮助。

若有难懂的经文，我就去请教牧师。由于有许多不明白的地方，牧师就介绍解经的书，买了黑崎注释书，但仍感到不满足。因我非常渴慕真理的话语，因此很想清楚明白神的话。

自那时起，我就常去祷告院祷告。"求神清楚地为我解经吧！我请教了牧师也懵懵懂懂，看解经的书，好像也不太对，有些经文每本书讲的都不一样。我相信只要蒙圣灵的感动，就可解开圣经的话语。有人说三年时间曾有天使为他解经，我也愿神亲自为我解释神的话语，愿神按照祢的方法动工帮助我。"

蒙圣灵清楚的感动

我平时最爱唱的是诗歌502首。我经常一边唱这首诗歌，一边恳切地祷告：

"无论行走在死阴的幽谷，

　只要行在那光明之中，

　施恩的双手，总不离开我，

　救主的应许绝不落空。

　天上的荣光，天上的荣光，

　充满我心灵，我灵魂喜乐。

　高唱哈利路亚！高唱哈利路亚！

　永远高唱颂主赞美歌。"

成为走在光明中的人，是我的盼望。那光是什么？怎样才能成为走在神的光中的人呢？经上的话语涌上我心头：

"太初有道，道与 神同在，道就是 神。这道太初与 神同在。万物是借着他造的；凡被造的，没有一样不是借着他造的。生命在他里头，这生命就是人的光。光照在黑暗里，黑暗却不接受光。有一个人，是从 神那里差来的，名叫约翰。这人来，为要作见证，就是为光作见证，叫众人因他可以信。他不是那光，乃是要为光作见证。那光是真光，照亮一切生在世上的人。他在世界，世界也是借着他造的，世界却不认识他。他到自己的地方来，自己的人倒不接待他。凡接待他的，就是信他名的人，他就赐他们权柄，作神的儿女。这等人不是从血气生的，不是从情欲生的，也不是从人意生的，乃是从 神生的。道成了肉身，住在我们中间，充充满满地有恩典，有真理。我们也见过他的荣光，正是父独生子的荣光。"（约翰福音一章1-14节）

在圣灵的感动中，神清楚地让我明白耶稣为何来到世上。下面介绍在领受主仆使命之后禁食祷告时神启示的内容。

耶稣为何到世上来

亚当、夏娃犯了罪后，依照灵界的法则成了罪人，成为魔鬼的儿女（罗马书六章16节）人若要恢复神儿女的身分，就必须把罪的问题解决。也就是说，要有人洗去我们的罪才可以。但世上的人都是继承亚当血统带着原罪出生于世，没有义人，连一个也没有，所以无法代赎我们的罪。因此神为了代赎我们的罪，道成了肉身来到世上。

耶稣因圣灵感孕，所以祂不是亚当的后裔，既无原罪，也无自犯罪，所以有胜过撒但魔鬼的力量；不但如此，祂还具有舍命牺牲的爱，便为了我们被钉死在十字架上。主耶稣来到世上医治病人、赦免罪人、使被鬼附的得释放，并赐给他们自由、和平、喜乐和爱。

但是魔鬼撒但，用尽一切的方法，将无罪的耶稣钉死在十字架上。因为亚当、夏娃犯罪，蛇被诅咒时，神曾说必有女人的后裔出现，要重新拿回落入撒但手中的权柄。所以撒但为了自己的权柄不被夺走，便等待这位女人的后裔——万王之王出现。等祂一出现，就将祂杀死。魔鬼撒但以为杀了耶稣，就胜利了，就能永远拥有黑暗的权柄。

神的爱

哥林多前书二章7-8节："我们讲的，乃是从前所隐藏、神奥秘的智慧，就是　神在万世以前预定使我们得荣耀的。这智慧，世上有权有位的人没有一个知道的；他们若知道，就不把荣耀的主钉在十字架上了。"

因魔鬼撒但不知道神这惊人的旨意，就将耶稣杀死，自以为得胜了，殊不知仇敌魔鬼将无罪的耶稣杀了，正是它的失败，因为它违背了"罪的工价乃是死"这一灵界的法则。

耶稣因圣灵感孕，没有继承亚当的血脉，所以祂没有原罪，祂照着律法行事，所以也没有犯罪，因此死亡根本无法成就在祂身上。然而，撒但违背了灵界的法则，借着彼拉多巡抚将耶稣钉在十字架上。

路加福音四章记载魔鬼试探禁食40天的耶稣的过程。其中一个试探是有关管理天下万国的权柄：魔鬼又领他上了高山，霎时间把天下的万国都指给他看，对他说："这一切权柄、荣华我都要给你，因为这原是交付我的，我愿意给谁就给谁。"（路加福音四章6节）"

亚当犯罪之后，魔鬼从亚当手中夺走了属于他的一切权柄。但此时魔鬼撒但却触犯了灵界的法则——"罪的工价乃是死"（参考罗马书六章23节），结果只好把这个权柄归还于神，仇敌魔鬼终于丧失了辖制信耶稣基督之人的权柄。

因着神如此惊人的智慧和主耶稣被钉在十字架上受死的爱，凡相信主的人能够从魔鬼的手中回到神的怀抱里（参考罗马书五章17-19节）。所以，我们唯有靠耶稣基督的名才能得拯救。按照神预定的旨意，祂道成肉身来到世上，借着童贞女马利亚，因圣灵感孕而生，完全遵守法律，祂更以牺牲自己，背起十字架向我们显明了神的爱。

"神啊！我现在终于清楚明白主耶稣来到世上，是要打开救恩之门，将我们从魔鬼的儿女变成神的儿女"（参考约翰福音八章44节）。万世以前所隐藏的奥秘是神惊人的智慧，是神何等的爱啊！感谢祢让我明白！

主耶稣的十字架

当领悟"万世之前所隐藏奥秘的智慧"之后，我的心不禁喜乐、感激与兴奋。但还有一个疑团仍旧困惑着我。

"天父上帝啊！

主耶稣为什么要挂在木头十字架上，

受这许多的苦难呢？"

我恳切地祈求神。

在加拉太书三章13-14节说："基督既为我们受了咒诅（"受"原文作"成"），就赎出我们脱离律法的咒诅，因为经上记着：'凡挂在木头上都是被咒诅的。'这便叫亚伯拉罕的福，因基督耶稣可以临到外邦人，使我们因信得着所应许的圣灵。"

于是清楚明白：主耶稣是代替我们受咒诅而被钉在十字架上，将我们从罪恶中救赎出来，使我们得到如亚伯拉罕般的信心、健康、长寿、财物、儿女等地上的福；又使我们因着信得以称义，并得着圣灵，使我们能过配得神儿女的生活。

当耶稣被钉在十字架上，有人扎祂的肋旁，随即有血和水流出来。这是耶稣道成肉身来到世上的证据（参考约翰福音一章14节），也是我们可以效法主，拥有像主耶稣一样品性的证据，因为我们有与主耶稣一样的身体。因此腓立比书二章5节才说"你们当以基督耶稣的心为心。"

神为什么会允许，耶稣被鞭打流血呢？"因祂受的鞭伤，我们得医治。"（以赛亚书五十三章5节）

主耶稣戴上荆棘的冠冕，被荆棘刺伤。这表示祂担当了我们心思意念的一切过犯。

马太福音五章30节："若是右手叫你跌倒，就砍下来丢掉，宁可失去百体中的一体，不叫全身下入地狱。"主耶稣的手和脚被钉子刺穿，象征祂担负了我们用手和脚所犯的一切罪孽。

我们的主耶稣在两千年前被钉在十字架上时，是为了赦免我们所有的罪孽。祂承受了许多痛苦，已经为我们过去的罪、现在的罪、甚至未来的罪付出赎价。这是多么伟大的爱啊！

行在光明中

"可是，天父上帝啊！

既是主耶稣被钉十字架让我们能罪得赦免进到永生的国度，

那么为什么还说若不吃人子的肉，

喝人子的血，

我们里面就没有生命呢？"

在我向神祷告的时候，神使我借助圣灵的感动清楚明白这句话的灵意。

当我们信主以后，无法马上不再犯罪，因主耶稣就是道路、真理、生命（参考约翰福音十四章6节），当我们吃了主的肉、喝了主的血，即学习真理的话语，得到神的能力，照着真理而行时，就可以不再犯罪。当我们行在光明中时，主耶稣的血也洗净我们一切的罪（参考约翰一书一章6-7节）。

如同使徒行传三章19节所说的"你们当悔改归正，使你们的罪得以涂抹"一样，我们也要真心回转，不再犯罪。因此在马太福音七章21节才说："凡称呼我'主啊，主啊'的人不能都进天国；惟独遵行我天父旨意的人才能进去。"

从难解经文蒙神启示之前开始，我就殷勤读经，竭力发现并离弃罪，常常为解开难解经文而恒切禁食、彻夜祷告。神看到我这样的心志和行为，就赐我力量，使我活在神的真理之中。我体验日日更新的生命，在喜乐中度过每一天。

"我的爱，主的十字架。
大能的十字架，
充满着神的恩典与智慧。
我的生命，主的十字架。
宝血的十字架，
显明主耶稣的爱与苦难。
我的喜乐，主的十字架
遮掩我的罪恶与过犯的
奥秘的十字架，
主的十字架！"

三、活着的神

马太福音七章21节："凡称呼我'主啊，主啊'的人不能都进天国；惟独遵行我天父旨意的人才能进去。"

启示录一章3节："念这书上预言的和那些听见又遵守其中所记载的，都是有福的，因为日期近了。"

因我研读、倾听神的话语，又奉主名祷告，所以才能明白神的话语。因为知道信主耶稣就能得救，拥有天国的盼望，更进一步领悟神的爱比天还高，比海还深，是无法测度的。

我成为接待耶稣基督的人，即信祂名的人。我得着神儿女的权柄，是由神生的人了（参考约翰福音一章12-13节）。

永活的神并未撇弃我，叫我任意在世上飘荡，反而引导、保守我，成为属神的人，不再犯罪（参考约翰一书三章9节），使那恶者无法加害于我（约翰一书五章18节）。

灾祸中也蒙保守

信主以后，蒙神的引导开始干体力活。虽然从来不曾如此劳动过，对此事也毫无信心，但却可以守主日，也可以自由地工作。

开始上工后，才发觉实在比想像中的还吃力。别人边嬉笑边做事。我呢？虽拼命地做，不休息，但还是无法赶上他们。不过，我忍耐，抱着做到底的决心而努力。

去教会约有两个月，因为没有人教导我祷告的方法，熟悉的就只有主祷文和使徒信经。有一天早上，一大早，突然有股想要祷告的感动，一直激动着我，于是背诵着主祷文去上班。那天早晨，我在工地扛起细长的铁管，正要起身的时候，有股强大的冲击力自背后袭来，我就像青蛙般弹跳出去，倒在地板上。

原来在那一瞬间，我出了车祸。过了不久，等我苏醒时，才发现四周已有许多人聚集围观，而我却若无其事地拍拍身上的灰站了起来。

撞倒我的是市政府的车。司机一脸苍白，不知所措的样子。"先生！你要不要紧？我送你去医院。""不！我不要紧的。身上不觉得哪里痛。"

心里清楚明白严重地撞到我的司机看到奇迹般的事后，简直感到不可思议。

"真的不要紧吗？你说身上没有什么地方痛，怎么可能呢？"

同事们也以奇怪的眼光看着我，脱了我的衣服检视一番。

"这可不得了啊！伤到别的地方倒不要紧，问题是伤到的地方是脊椎啊！赶快去照照X光看看，若留下什么后遗症，可不是闹着玩的！"

"没关系啦！是神保守我的。"

我真的一点都不痛。被撞到的部位，只有一点红肿，却没有伤痕。这真是奇妙的事。"若真是这样，那你就早点回家休息吧！"我并没有接受工头的话，继续把事情做完，直到收工。

但回家后，身体感到有些不适，因此第二天未去上班，只因我把"若有后遗症可不是闹着玩的"这句话挂在心上，担心"如果真有后遗症的话，该怎么办呢？"然而神保守了我。

因为我没上班，那位司机就找上门来。看到我安然无恙，他很高兴，并向我求情，为的是要减低赔偿费。"我不需要赔偿！"那位司机听到我的答复就安心了，留下装有二千五百元韩币的红包就走了。知道这件事的同事们纷纷说应该去控告他这种人。

人的心难道真的这么奸诈吗？（注：二千五百元韩币约等于人民币15元左右。）若是诚实的人就该感谢原谅自己过错的人，报答对自己施恩的人，但现实却不是那样。

太吃力了，所以喝了点酒

这事以后，我开始到建筑工地做工。因为没有专业技能只能做力工，工作是提桶到二楼。每当将桶提到没有栏杆的二楼时，双腿就一直发抖，实在无法跟得上那些像闪电般快速走上去的同事。虽然我咬紧牙关，强力振作，但头晕目眩，到了下午实在无法再继续工作了。

"一定要撑下去，一定要撑下去！"我不断这样提醒自己。

以坚持到底的决心继续工作，工头派我做倒水泥和用长棍灌浆等较容易的工作。于是没有半途而废，坚持到底了。永活的神借着劳力的工作训练我的耐力，并经历祂的真实。

不只这些，那时在华克山庄附近的自来水厂，我的工作是将从搅拌机倒出的水泥，装在铁制单轮的推车里，通过凹凸不平的工地运到地下深处，再倒出水泥浆。别人可以轻易地就倒出水泥浆，而我却倒不出来，好像连我的身体都要滚进去似的，有一不小心就会掉入水泥浆的感觉。

此时却听到晚上要加班的广播，只觉得浑身虚脱无力。别人可以喝酒使力，我却无法再忍耐下去，就像沾满水的棉花一样，连走路都觉得困难。

正担心该如何是好时，突然想："我也可以借酒使力做完工作啊！虽然借着培灵会戒了酒，但此时喝一点酒应该没关系吧！"于是喝了一点，之后很明显地感到有力量可以继续做下去。

完工回家时，在车上我开始头晕，头好像要裂开似的，实在难以忍受，所以中途就下了车。想借凉爽的空气消除疼痛，却无法如愿。

于是我明白：神不容许人喝酒！便彻底认罪悔改。将近深夜十二点，拖着沉重的脚步陷入沉思之中。

"我能撑到什么时候呢？但忍耐到底神总会给我祝福的。"

于是靠着信心重新得力，不再喝酒，努力坚持了下来。

我再也不喝酒了

几个月后，我到牛耳洞二层楼的工地上工。这是一项在狭窄通道内挖地下室的工作。因为没有休息而持续工作，所以倍感吃力。祷告充满的日子还可以承受，否则，就很难忍受了。

同事们看到我如此吃力的样子，常劝我喝酒。越拒绝，他们就越极力地劝酒。为了能工作，还是喝了。当我用力挥下十字镐的瞬间，"锵!"的一声，两端尖尖的十字镐弹回来打到我的头上。马上觉悟这是因为我喝酒的缘故引起的，于是抱着血流不止的额头祷告："神啊! 求你赦免我喝酒的罪，我再也不喝酒了。"祷告完，血立即止住了。婉拒去医院的建议，休息了一会儿后，就继续把工作做完了。

这就是"因为主所爱的，祂必管教，又鞭打凡所收纳的儿子"（参考希伯来书十二章6节）。

丢掉对金钱的贪心

妻子开始销售化妆品，不久后被分配到好的区域，因此家中经济上的困境也好转了。蒙物质的祝福后，想要归荣耀给神的心，却起了对物质的贪心。

我们的梦想是以我赚的钱维持开销，而将妻子赚的钱存起来，计划开一间酒店。夫妻俩一边热心地祷告，一边努力工作。我确信，若用妻子开小吃店的经验，来经营酒家，一定可以赚大钱。因为当时我的小姐姐因经营一家日本餐馆而买了三层楼房，因此我的梦就更大了。

然而，神知道我们对金钱的贪心，就使我们有所觉悟。说"不可醉酒"的神，不可能喜欢我们开酒家。

培灵会结束后，一心想要奉献。有一天，我梦到一只大母猪生了十只小猪。传说梦见猪就会有福临到，因此心里想买当时正盛行的彩券。

"老婆，我们去买彩券，祷告后再买一定会中奖的，中了奖将债务还清，又可以奉献。"

买了彩券后，我们热切祷告了一个礼拜，相信一定会中奖。然而结果却非如此，神让我们明白这想法是不对的。

戒掉习惯性的"花斗牌"

在没事做的日子，我有玩"花斗牌"的习惯。因生病的时候常玩，所以成了个中能手。但是后来每玩花斗就输钱，为了赢回本钱，便玩得更凶。

在富川工作的时候，每次拿到薪水，大伙儿就玩花斗牌，甚至领到半个月的薪水，也不例外，而我也参与其中。有一天开始玩得很顺，两边口袋赢得满满的。赢了钱不继续赌，在道义上实在说不过去，因此就打通宵。可是，开始慢慢地输钱。到了清晨，竟输得精光。不但没脸回家，对输掉的钱也觉得可惜，就开始祷告。"神啊，本来想多赢点钱来奉献，结果反而输光了。这次一定要让我赢才可以。"借了别人的钱继续赌，却再也赢不回输掉的钱了。

住的地方是劳工住宅区，为了解闷，大家常常聚在一起玩牌。有一天，一些人聚到我家来玩牌，正在玩的时候，忽然有传道人来探访，因为舍不得输掉的钱，就不想做礼拜，便说："告诉他我不在。"一边继续玩着花斗，一边吩咐妻子说谎。传道人做了简短的探访就回去了。当时诗歌的声音使我深觉难过，不安又愧疚。

"每次有人来探访，我总是那么高兴地出去迎接，现在的我怎么变成这样了呢？"

因不能从心里悔改而痛苦，最终神给了恩典使我可以彻底痛悔。

"神啊！饶恕我。从此我不再打牌了，我要把牌丢掉。"

从那以后，我不再玩花斗牌，也不再说谎了。就这样，在初信之时将一些不好的习惯完全丢掉，同时为了遵神的话而行，不断恳切祷告和禁食。

恳切的祷告

只要一有时间，我就去参加培灵会。透过培灵会，学习了如何祷告，也有了祷告就能凡事得蒙应允的信心。所以一有空儿就去祷告院恳切祷告，希望能蒙物质的祝福，可以帮助病人，救济穷人，宣教。

一九七五年时，为了在祷告上更蒙恩，并装备神的话语，就去了水原的七宝山，跑到无人的山顶祷告。

有一天，正沉浸在祷告的喜悦中，我听到了神的声音："你看路加福音二十二章44节。"那既清晰又宏亮的声音，至今我仍无法忘记。于是迅速地翻开了圣经："耶稣极其伤痛，祷告更加恳切，汗珠如大血点，滴在地上。"

为什么神将这段话赐给我呢？我正祷告时，在清楚的"灵感"中，神向我解释：

在以色列的沙漠地区，日夜温差很大。耶稣钉十字架时是四月份不易流汗的季节，尤其是在晚上。由此可知，耶稣当时一定是大声恳切的祷告。

此后，每当祷告的时候，我都大声呼求祷告，用心灵献上，祷告到流汗的程度。

从那以后，读圣经时，发现有许许多多的地方叫我们呼求祷告，并说明了为何要呼求的理由。因此，我明白呼求祷告是神的旨意，当呼求祷告时能得到圣灵的充满和从上头来的能力，就能遵守神的话语。如此，我经历了祷告即蒙应允的恩典。

万事都互相效力

介绍我工作的工头朋友，他的家遭强制拆除，而搬到千户洞，随后我住的房子也遭到同样的下场。房子被强制拆除后，房东以房子遭拆除为理由不退还押金，连一文钱也没拿到，我就被赶到马路上了。自称是信主的人，却为了钱就不讲道义，实在是令人失望，为此我差点埋怨神。

于是我们重新举债，租到一个有小店面的房子，全家商讨一番后，开了间书店。在那里积累两三个月的经验后，在马路的对面又开了间书店。因要不断进新书，每个月又要付房租，导致收支不平衡。结果将店顶让给别人，收回押金后，算了一下，本钱是找回来了。

相信唯有抛弃对钱的贪心，神才会赐福，于是我们单单依靠神，彻夜祷告祈求了一个礼拜。"神啊！求祢亲自动工，好让我将荣耀归给祢。求祢引导我，赐给我好店面和所需要的资金。"虽然没有开店的钱，但仍凭着信心祷告。

一个礼拜后，神应允了我。偶然间从朋友那里听说锦湖洞石山下，有个空店面。相信是神的应允，就以八十万韩币签了合约。为了付清尾款，便向教会某执事借钱，却被断然拒绝了。我想这大概不是神的意思，只好准备毁约了。

为了试试能否拿回一些订金去找房东。当我把实情告诉房东后，他竟二话不说便将钱借给了我。那时我才明白，向信神的人借钱是错误的，神是要通过不信的人，为我预备所需的资金。神的旨意和爱，使我无限地感恩。

因为有经验，所以店铺经营得相当好。因此，心中兴起移到大店面的想法。虽然尚未广告出让店面，竟然有人主动来与我签合约。我认为这是神的意思，就签了。随后找到了一间很中意的店铺，在学校的对面。但店主说因我的店，他的生意受了影响，不愿与我签约。最后没办法，只好到锦湖市场后街重新开店。

"万事都互相效力，叫爱神的人得益处。"神知道会有大型专业书店出现，因此阻止我与所中意的店签约。新开的店客人很多，连学校前店里的客人都跑到我们这里来了。

渐渐地，从早到晚都挤满了人，常常有客人因没位子坐而站着，其至连我也没有位子而跑到店外。

我的店到主日必休息，也不准抽烟、喝酒的学生进来。照人的想法，生意应该不好才对，然而客人仍那么多，收入也节节高升，任谁看了都不得不承认是蒙了神祝福的结果。

债已经还了一部分，可以更热心服侍神。唯愿神在物质上使我更蒙福，可以将一切荣耀归给神。那段时间，夫妻俩白天做生意，晚上就彻夜祷告。因蒙了神丰盛的赐福，心中更充满了盼望。

万世以前神所拣选的仆人

一九七八年五月祷告的时候，我清楚听到神的声音："万世以前我所拣选的仆人啊！我试炼你三年，你也要准备话语三年。你爱我比爱你的父母、兄弟、妻子、孩子更多，你要走我的路，店铺则交给妻子经营。"

虽被那清澈且宏亮的声音吓到，我的心却好像躺卧在主温柔的怀抱里。

"我的意念非同人的意念，我的意念一人比你们两人赚的还多。你借给别人，却不至向他们借贷，我会连摇带按、上尖下流地赐福给你。你若顺服，米桶里必不断米，钱柜里也常满溢！你以我的话装备自己三年，就必翻山越海，广行神迹奇事。"

连做梦也没想到我的使命竟然是做主的仆人，这令我惊讶不已。已清楚知道神呼召我做主的仆人，但心里仍不断地挣扎着。

"我为了成为长老，并将荣耀归给神而不断祷告，但神竟然呼召我成为主的仆人……我怎能成为主的仆人呢？年纪大了，记忆力也衰退了，怎能叫我再到神学院去念书呢？"

无法解开我心中的疑问。明知若是神的旨意就一定要顺服，但要怎样顺服呢？这使我茫然不知所措。

四、若是能信

心里说不出的挣扎，使我刻骨般地痛苦。愿意顺服却做不到，我该怎么办？"听命胜于献祭"圣灵的声音与"我怎能成为主的仆人呢？"的想法展开了激烈的争战！

唯有祷告才能勉强维持心中的平安，于是拎起行李去了祷告院。"神啊！若你真要我做主的仆人，就让我再一次听到祢的声音，这样我才能确信并顺服。"一边禁食一边恳切祷告，却听不到神的声音。拖着沉重的脚步下山，虽然是活着的，看起来却像个死了一样。

彷徨到处去祷告，但都得不到明确的应允。因无法顺服而苦痛万分！

这样，一个月、两个月过去了，我的心却是更加恳切。

结束了彷徨的岁月

"神啊！若这是出于祢的意思，我愿意顺服，若一定要成为主的仆人，我愿意成为主的仆人。若祢再次赐我听见主的声音，我就可以成为主的仆人了。"

周六正是结束一周彻夜祷告的晚上，当时我极为苦恼，甚至到了若是再听不到神的声音，主日的代表祷告都无法担当的程度。

"你若能信，在信的人凡事都能。听命胜于献祭，神不看人的外貌，而是注重人的内心。"

我再次听到神的声音了！

仿佛在空中飞舞般的喜悦，仿佛拥有全世界般的满足，仿佛冲入九霄云外般，全身轻飘飘的。陶醉在难以形容的快乐之中，那是从未有过的喜悦。

圣灵赐我悟性，非常清晰：

"唯有一死的病痛当中把你救出来的神，使你得到完全的医治，并引导你到如今，使你成就单单爱主的心。"

"是我给了你信心，你才能信；是我给了你祷告的能力，你才能祷告，并照着我的话语生活；是我使你有和睦的家庭，也使你得享物质的丰富，将没有的都加给了你。"

"岂不就是因为你能成为主的仆人，因此我才呼召你吗？因为你爱神胜过世上的一切，因此得以称为合神心意的人。"

"因你单单照着神的话语生活，只愿将荣耀归给神，所以神喜悦你的心，呼召你成为主的仆人。"

我的喜乐无法止息。心里充满"我能"的信心，并决定献身成为主的仆人。

漫长的彷徨之苦，经过三个月结束了。那是一九七八年九月初，妻子也顺服神的话语，结束了推销员的生活，回到店里开始经营书店。不到一个月的时间，店里收入就以几何级数爆增，月收入已超过了韩币六十万，这对当时来说是很大的数目。

听到传闻来店里看个究竟的人越来越多，这是因为生意实在太好了，他们想来探究其中的秘诀。他们摇头晃脑，直说不可思议。他们非但找不到秘诀，更为那"不收不良的学生"和"礼拜天歇业"的经营模式而困惑不已。

我们坚守主日，并照真理传道，更是边赞美边经营这店。因此，从无到有的神就大大赐福我们，这个道理是他们所无法理解的。神照着祂所应许的赐福我们，使一人赚的比两人赚的还多。因祂是喜悦我们顺服而赐福给我们的神啊！

圣经，我得了一百分！

接受了城东教会李永勋牧师的建议，我决定进入圣洁神学院，于是开始着手准备入学考试。

既要成为主的仆人，在圣经科的考试上得满分才行。如此决定后，就开始禁食。十天、二十一天，又十天、二十一天，如此进行着。

"神啊！求祢借着这次禁食赐我记忆力，使我想起所有读过的经文。尤其是当读经时，让我清楚明白神的话语，并且完全记住。"因我相信神有能使死人复活的大能，所以如此祷告。

从那天起，我跪着祷告，开始细读圣经。当细读由圣灵感动写下的神的话语时，得到了圣灵的帮助，有了灵感。

试炼生盼望

终于到了考试的日子了。

因为只准备了圣经一科，所以其它科目真不知如何应试。就算勉强回答，也只能答对一、两题，因此干脆交了白卷。

第二天，是面试的日子。神学院院长宋泽九牧师问我："为什么除了圣经一科，其它的都交了白卷呢？""哦！可是，圣经考试你却拿了满分。"这令神学院的立场非常尴尬，但因有神的帮助，被评定为及格而入学了。

进入神学院后，仍继续彻夜祷告和禁食祷告。那段时间，我禁食的日子比吃饭的日子还多，甚至未曾好好地过过年和其它节日。

神学一年级的一九七九年六月，我计划要做二十一天的彻夜祷告，而祷告的时候，学校却发布了期末考试的消息。圣经倒记得住，但英语、希腊语却很难记住，偏偏又在这节骨眼上做了彻夜祷告的计划。没办法，只有以祷告来依靠神了。

"神啊！因不知有期末考试，就做了彻夜祷告的计划。求祢帮助我！相信祢能让我考得好，也可以好好地做彻夜祷告。"

我以一个小时的时间为考试祷告后，神就将考试的题目赐给我。如此祷告后看一个小时的书，接着又做彻夜祷告，第二天就去应试了。考试题目竟然都是我看的内容，这使我再一次赞叹神的帮助和能力，并将感谢和荣耀归给神。

得到末世的启示

六月底，二十一天彻夜祷告即将结束的凌晨四点整的时候，正感谢神做结束祷告时，在很清楚的灵感中，神将末世启示给我。

"我所爱的仆人，你当警醒，因为末世近了。"

那时，对主再临的内容和再临的时期有不理解的部分。即"主的日子来到，好像夜间的贼一样"（彼得后书三章10节）与"你们却不在黑暗里，叫那日子临到你们像贼一样"这两段话。（参考帖撒罗尼迦前书五章4节）

"主耶和华若不将奥秘指示祂的仆人众先知，就一无所行。"（阿摩司书三章7节）正抓住这句话向神祷告时，神就将有关末后的事启示我。

祂对信主的人说："但那日子、那时辰，没有人知道，连天上的使者也不知道，子也不知道，惟独父知道。"（马太福音二十四章36节）透过圣经的预言，知道日子很快就到了，所以要警醒，做个聪明的人，如果没有警醒，主来的日子就无法得救。

如挪亚洪水的时候，人照常吃喝嫁娶，当洪水来的时候，全部灭亡（参考马太福音二四章37-39节）。对警醒等候主再来的"麦子"圣徒们，主就不是偷偷的来（参考帖撒罗尼迦前书五章1-6节）。但是对不信主的人和与世俗为友的"糠秕"圣徒，主就偷偷的来，他们便无法得救。

有一天神学院的同学在学校告诉我，说他做了一个梦。"那真是奇怪的梦，一定是神赐的！梦里传道师叫我谨慎自守警醒祷告，并告诉我主耶稣快来了。"这是神为了让我对祂所启示的内容有确切的把握而动的工。而后，为了考究神的话语，将所启示的内容和圣经比对了一番，完全正确，那时我的喜乐大得难以形容。

神学一年级的一九七九年八月，有机会跟随一位爱护我的牧师到迦南农业大学，参加暑假传道人大学。我一向尊敬牧师如同尊敬主耶稣一般，但在那里的牧师们却让我大大失望。

我们因马太福音五章27至28节的话："你们听见有话说：'不可奸淫。'只是我告诉你们：凡看见妇女就动淫念的，这人心里已经与她犯奸淫了。"而展开对奸淫的讨论。讨论之后，其结果竟是"从思想里出来的奸淫怎能算是罪？所以这不是罪。"我为除去心中的淫念花了三年之久，做了无数次的祷告，才蒙神垂听不再产生这种意念，甚至从心里奸淫这个罪根已彻底除净。而这结论对我的冲击实在太大了。

"神啊，感谢祢。若我相信'心里的淫念是无法离弃的'，我就可能永远犯奸淫罪了。为了要按神的话语生活，拼命地与奸淫做了长期的争战，感谢神让我除去了此罪。"

过去的岁月历历在目，哽咽着，感谢之情奔涌而出。更下定决心："不管人家说什么，我只相信神的话语。我要在祷告上更加奋力，并以神的话语来装备自己。"

虽然年纪很大，但因外貌长得年轻，神学院的同学都以平辈的语气和我说话，因而学校生活有了很多的方便。但当大家知道我的年龄已有37岁之后，都感到不好意思。

神学院的学生都是一面上学，一面准备开拓教会。在暑假期间我也为了开拓教会做了二十一天的禁食祷告，但因有太多难解的经文而感到不安。从教授那里得不到令人满意的答案，因此买了许多注释经文的书籍来看，但仍无法令我满意。

自一九七四年十一月的培灵会之后，就是自初信开始，总是一有时间就祷告。

"愿神亲自向我讲解圣经的话语。有人说有天使为他解经，我却祈求神按您的方法为我讲解圣经六十六卷的话语。"

四十天禁食的祷告

神于一九八〇年的寒假，感动我做四十天的禁食祷告。当我确信这次禁食祷告不是出于自己的想法后，开始为四十天禁食祷告作准备祷告，神向我说："我所爱的仆人啊！除了圣经和赞美诗歌集外，人所写的书你一概不要看。"

为了用神的话语装备自己，准备了各种属灵的书籍，打算带到禁食祷告院去读，而此计划却被神否决了。我做过无数次禁食祷告，相信在未来四十天的禁食中，也必蒙神保守，因为无论在蒙召为神的仆人之前，还是进入神学院之后，我无数次地做过七天、十五天、二十一天禁食，每次都是在神的恩典中轻松地完成。

我准备向神祈求：使我成为完全的人，改变成祂所喜悦的仆人，并得着无限的能力；也为话语的装备和开拓教会祷告。

但在这四十天的禁食中，神并未完全保守我。有时因手脚痉挛，根本无法入睡，有时撒但也会借着杂念妨碍我，过了三十天，出现吐血的现象，喝下去的水也全吐出来，受尽了痛苦。尽管如此，我仍然坚持一天三次做定时祷告。

三十九天过去了，在极端的痛苦中迎来了第四十天，那实在是太煎熬了！度过十分钟就犹如一个小时，又冷，又头晕，疼痛不已；胸口闷闷的，全身软弱无力，真有说不出的苦。虽然如此，神仍帮助我每日做二个小时以上的呼求祷告。

到了第四十天晚上十一点左右的时候，真如天方夜谭一样，一切疼痛完全消失了。从禁食第六日开始的撒但的试探都退去了，胜利就在眼前了。

我们全家人用赞美和律动在父面前献上感谢礼拜，将荣耀归给了神。神保守我直到禁食结束，又如此深切的看顾我，并在结束的时候赐我力量，使我可以凯旋而归，荣耀给神，感谢的眼泪如雨落下。

"唯将荣耀归给神！"

通过这次的禁食祷告，神开始启示我圣经六十六卷书的奥秘。

五、开拓

回顾神的作工和带领，发现神惊人的旨意。一九七四年七月十日，自妻子离家出走，整整有三年的时间，神试炼我，使我的罪恶得以除去，成为常常喜乐、凡事谢恩、不住祷告的属神的人。

买米从不超过一升，一边还债务，还尽全力来献给神。就算明天没有吃的，我们仍热诚地接待主的仆人或来探访的人。每当这样做时，神立刻动工，使我们第二天有东西可吃，让我们体验神的能力，一次也没饿着。

从一九七七年七月九日，第三次开店面时开始，神赐福给我们，使我们不再为生计担忧，更使我们有余力救济、侍奉，并将一切荣耀归给神。

成为主的仆人

一九七八年五月神呼召我作主的仆人，让我以三年的时间装备话语。从那时起，我就以禁食、彻夜祷告，唯独遵从神的话来装备自己。

神以祷告装备我、以能力装备我、以恩赐装备我，使我成为主的仆人救回走向死亡的灵魂。学校放假，当我在家时，神将许多有各种问题的人带来与我商谈，解决他们灵魂和肉体的问题。

神所赐的恩赐和能力很强，因此让我得到许多属灵的操练。

当执事时期，有位和我住的很近的执事，有一年的时间，我们一同到处探访、操练、为人祷告。

自一九八一年四月开始，为了开拓教会而集中祷告，并学习如何服侍儿童主日学、初中部、高中部、青年部、大学部、壮年部（注：已婚的社会青年。未婚的社会青年另有保罗与马利亚团契）。等团契，还学习有关诗班、同工会等各项事务。

那年十一月起，我到能尽情发挥、学习的教会去侍奉，并讲了很多的道。

一九八二年二月的最后一周，就是三年装备话语，期满的最后一周，有机会在马山日满教会第一次带领复兴盛会。通过复兴盛会，开拓教会的梦更大了，为开拓而更积极火热的祷告。

自一九八二年四月起，神以具体的方式，开始应允我开拓之事。妻子传福音结的果子中的一个人，她来教会登记不到两周，有一天突然来找我说："李传道！有一天晚上有人三次呼唤我的名字，等我醒来睁开眼一看，神出现在灿烂耀眼的光中，告诉我：'我拣选了你，使你在外邦中得名，并使你在这世界做我的见证人。'我不知道这是什么意思？"

连创世记、马太福音都不知道的她，只知道神和耶稣的名字，也只有接受一次祷告后肠胃病完全得医治的经验。

为了开拓教会的祷告聚会时，通过这女人的口说出神的话语。"……你不是祈求圣灵的十二种恩赐吗？都已给了你，你要做感谢祷告。"这是和我在蒙召为主仆时，神赐给我的话语一样，我为之很惊讶。

对于圣灵的恩赐，我没有跟任何人提起过，只是自己做了祷告。看到连妻子都不知道的事实，通过她的口说出来，我领悟到这就是神所赐的代言。那期间我正在为了得到圣经里所记录的圣灵的九种恩赐（哥林多前书12章8-10节）以外的异象、透视、爱的恩赐等十二种恩赐祷告当中。

我相信这是神动的工，因此只要有机会，我就为她祷告，带领她，并教导她真理的话语。

那时候妻子是区域带领者，从四名成员成长至二十五名。她努力操练师母的恩赐，并且每当为人祷告时，就有能力伴随，因她满有爱灵魂的心。聚会时，她就祷告，分享爱的饼，并互相交通，不聚会时就到处去传福音。

神透过四次的祷告会，将开拓所需的同工赐给我。从无到有的神不喜悦我们以人的方法开拓教会。因此将作执事的大姐，作传道人的小姐姐、内弟的太太，妻姐等亲戚与我隔开，并赐给我宝贵的同工。

神也将开拓所需的财物赏赐给我。生意兴隆的店渐渐衰退，最后连房租也付不起了，因此只好抵扣押金，结果只剩七千元（约合人民币50元）。神使我在世上所赚的钱归于无有，使我以七千元的资金开拓教会。当我单单仰望神，向祂祈求时，预备一切的神就透过安爱子劝事，准备了开拓所需的财物。

开拓教会的试炼

神说要在太阳炽热时开拓教会，并还说面临开拓教会会遇到试炼。

那时是神学院四年级，一九八二年六月左右的时候。指导牧师向某位学生打听学生的状况，那位学生回答说四年级学生有分裂的情况，其中好像也包括我在内。

接着，又在三角山祷告会中，产生了误会。

"有女子为主的仆人按手。"

"他自称是基督。"

因为谣传不实的话，引发了试炼的开始。

没有"女子为主仆按手"的事，我也从没有自称为基督，但谣言却满天飞。结果，被冠上异端之名，神学院甚至不查问清楚就打算将我开除。这消息是从信任我的K牧师那里得知的。

从所服侍的教会中，听到消息说："要和李载禄传道师保持距离，他走的路线不对。"因我相信这都是开拓教会之前要面临的试炼，就以感谢来胜过这一切。但当听到神学院议论纷纷要开除我的消息时，却实在令我紧张。

期末考试的最后一天，也是结业典礼的日子，我并没有去学校。为了和证人一同将所发生的一切事情解释清楚，我们去了教会，教会却不理会我们的解释。神学院的结业典礼上，我被冠上"被鬼附了！这是魔鬼的工！这是异端！"等帽子。

然而，透过神的话语："应当一无挂虑，当献上感谢祷告。要爱人到底，不可怨恨，撒但的营垒必然粉碎。"使我刚强壮胆，单向神祷告。最后，神赐我大福，作为胜过大试炼的代价，开拓之门豁然打开，万事皆互相效力，叫爱神的人得益处。

我禁食祷告三天之后，便找到了开拓的圣殿。周围没有教会，颇有前景。可是等了一个小时，屋主仍未出现，合约也无法签成。

"神啊，已经等了一个小时了。如果再等五分钟，屋主还不来的话，就只好认定这不是神的意思而作罢了。"

如同梦幻一般，一分钟之后屋主出现了，合约也顺利的签了。

"我来本想告诉您，不能和您签约了。但是，当我看到您的时候，我就改变心意了。"

撒但虽然妨碍到底，但我们争战到底就得胜了。这使我再一次体验事情必照神的旨意成就，一点摇动的影儿也没有。

奉神"要在太阳炽热时开拓教会"的指示，于一九八二乇七月二十五日，在铜雀区新大方洞的不到25坪（合82.5平米）圣殿里，我们献上了开拓礼拜。有九位成年人和四位儿童献上了开拓礼拜。讲道的题目是："信心是宝中之宝"。

开拓礼拜的感激

胜过差点儿被冠以异端之名而遭开除的大试炼之后，得以开拓教会，礼拜中我们心中只有感激，不断重复着哈利路亚，流下感激的泪水。

开拓礼拜后，大家热切同心祷告的心与日俱增。每天，有四、五名同心合意呼求祷告五、六个小时。

"你求告我，我就应允你，并将你所不知道、又大又难的事指示你。"（耶利米书三十三章3节）当我们照着神的话语呼求祷告后，神就将圣徒和讲台、钢琴、电话等需用的东西都赐给我们。

从开拓到现在，我们从来没有停止过周五的彻夜礼拜，并以颂赞、祷告献上礼拜，纪念主在十字架上受难的日子。因我们照神的心意常常喜乐、凡事谢恩，并不住祷告，神就向我们彰显无数的神迹，解决我们灵与肉的问题，使我们有与神相遇的经历，又赐给我们许多羊群和同工。

当时，患胃癌、中风、淋巴腺炎、心脏病和恶性胃病的圣徒，在本教会得到了医治，有很多人已成为宝贵的同工。

愿完全照神的话语生活并愿成为能活出荣耀神的生活的圣徒们，谨守主日为圣日，讨神的喜悦，蒙神祝福。因而，教会自开拓以来，除了有一周以外，每周神都赏赐新入会的圣徒。

在整个过程中，引导我们并动工的神，借着从无变有的大能，成就了开拓之功。哈利路亚！

六、器皿

"在大户人家，不但有金器银器，也有木器瓦器，有作为贵重的，有作为卑贱的。人若自洁，脱离卑贱的事，就必作贵重的器皿，成为圣洁，合乎主用，预备行各样的善事。"（提摩太后书二章20-21节）

神塑造大器皿

经历了三年时间，成就了开拓之梦。

一九七九年在神学院一年级的时候，姐姐承诺负责开拓的土地，而后为了开拓之事，费尽心力。她为了建圣殿东奔西走，却无法得到建筑许可。后来，又想借堂，却因无钱而作罢。

那时，姐姐们及外甥、外甥女们，加起来起码超过十名以上。照我的想法，只要亲戚帮忙，开拓之事必没有问题，然而，神的意思却不是这样。如箴言十六章9节的话语："人心筹算自己的道路，惟耶和华指引他的脚步。"

神足足以三年的时间，改造我这器皿。神不让我靠人的帮助来带领一小群的人，而是要塑造我成为能依靠神和祂那从无变有的大能，成为带领无数灵魂的牧者。

为了开拓，虽然口说将一切都交托给主，但实际上，还是动用了自己的想法，走在神的前面。为此在神面前认罪，神就亲自掌权和引导，当我照着神的旨意行时，神的大能就以惊人的神迹显现出来。

我为教会的名字向神祈求有数年之久，求神亲自赐给我名字，却未蒙应允。而当我成为神所喜悦的器皿时，神就应允了我。"教会将称为'万民教会'。""你们往普天下去，传福音给万民听。"（马可福音十六章15节）

呼召我做主的仆人，并使我跋山涉水、渡海，行神迹奇事的神，再次将话语赐给了我。

依靠从无变有之神的引导，教会得以开拓，并使我成为传福音的大器皿。照着神的意思，不靠哥哥、姐姐和亲戚们的帮助，唯独以神所预备的人和神所预备的财物开拓了教会。这使我再一次从内心深深地体验了神的能力，并为神所彰显的能力和奇迹献上感谢。

虽然，撒但的阻碍甚大，它的妨碍到了几乎无法承受的地步，但神终究将胜利赐给了我们。

神为了成就祂的国度，准备了许多器皿。不只是有金器、银器也有木器和瓦器，有贵重的，也有卑贱的。任何人只要自洁，脱离卑贱的事，就可成为贵重的器皿，可以圣洁合乎主用，预备行各样的善事。（提摩太后书二章20-21节）

我是什么样的器皿？要怎么样才能成为合乎主用的器皿呢？

洁净的器具

神应允开拓的时候，我已成为洁净的器皿。神引导我成为不容纳任何罪污，持守圣洁的人。

使我能原原本本地守十诫命，结出圣灵的九种果子。

虽然如此，神仍然透过试验，试炼我。

因为和我一起同工、一起祷告的人中，有一人做了假见证。结果我被扣以异端之名，险些被神学院开除，但我仍然谨守神的话而行。

"应当一无挂虑，只要凡事藉着祷告、祈求和感谢，将你们所要的告诉神。神所赐出人意外的平安，必在基督耶稣里保守你们的心怀意念。"（腓立比书四章6-7节）

世上有卖国的人，也有至死忠贞的人。不同的器皿有不同的行为。我相信神的话语，也信神必会动工，因此不懈地祷告。终于善胜了恶，真理赢了魔鬼。

通过了最后的试炼，胜过了罪恶，愿照着神的话语过圣洁的生活，得到了神的肯定，开拓的理想，也因而实现。

直到现在，当时跟从我的主仆人常常回忆：

"我们不是当事人，都为此事感到胆战心惊，牧师竟能刚强壮胆地祷告到底。你不恨恶他们，牧师的信心可真大啊。"

有时妻子回忆起那时候的事：

"在开拓前几个月，我好像要疯了，真不知要如何胜过那火一般的试炼！但终究正义胜过邪恶。"

在魔鬼撒但承认我是洁净的器皿之后，开拓之工成就了，神将各种能力显明给我看。胜过了试炼，神所赐的大福多到难以用言语表达。

热切回应的神

开拓后,借着火热的祷告,神向我显明祂的旨意。我们开始为世界宣教祷告,好像主耶稣呼召十二使徒成就神的旨意一样,神定时呼召仆人为主所用,也按神的旨意,呼召了许多羊群。

神也将成就世界宣教的大圣殿给我看。神显现给十七位圣徒看,让他们看到大圣殿的屋顶,九十六根大理石柱子和内部的一切。大圣殿内部的讲台在殿中央,还会慢慢旋转。

神让我们看到无数灵魂蒙恩的场面、我传讲信息和发生惊人神迹的场面,使我们凭信心,为世界宣教祷告。神带领我成为一个大牧者可以引导许多主仆和灵魂,使他们得到安息。刚被神呼召时,因担心自己的不足而彷徨了三个月之久的我,竟然成为怀抱世界宣教的梦想,以信心祷告向前行进的人,这是多么使人震惊的奇迹啊!

使我成为圣洁大器皿的神,彰显出祂的能力,使许多灵魂得到安息。当我刚信主时,为病人祷告病人就得医治。

有一次我听到一个人做见证道:"我的儿子被水烫伤了,烫得非常严重,虽去了许多次医院也不见效。后来,想起历代志下十六章的亚撒王,因他不向耶和华求助,到处求医,不治而死。于是我将一切交托给神,并禁食、彻夜祷告。神完全医治了我的儿子,哈利路亚!"

我的病是神医治的,所以毫不怀疑地完全相信了这个见证,因此我决定祷告。我确信"只要祷告,我也可以"。此后,只要女儿们有疼痛就为她们祷告，她们总能完全痊愈。身体烧得发烫时，祷告后就退烧了。

我想到我也要如此，我也可以做到，于是就禁食又彻夜祷告。从此以后，每当为病人祷告，病人就完全得到医治。这真是令人兴奋的事。

当被呼召成为主仆人后，因祷告的题目始终是开拓、话语装备、能力装备、恩赐装备、祷告装备和圣洁，因此神在我开拓之前，就将哥林多前书十二章里面记载的恩赐、爱的恩赐、透视的恩赐和看异象的恩赐给了我。

为病人祷告，他们就得医治，每逢为医生治不好的不治之症、无法怀孕的人、被鬼附的人祷告，神的能力就彰显出来，使我更加清楚明白灵界的法则。

开拓教会以后，神立刻将许多患病的人带到我这里来。神使患中风、癌症、关节炎、心脏病、淋巴腺炎、肺结核、肠胃病和失明的人，完完全全地得到医治。以神的能力，还有什么疾病不能得到医治的呢？

不只是这些，神也召聚了心灵贫穷的人，误解神的话语而无法遵行的人，因无法照神的话语行而陷在试探、患难之中的人，还有灵里得不到充满而彷徨的人。为了解决他们的问题，神赐我能力，使我能带领神赐给的灵魂。

按器皿的大小浇灌的神

这样成为神所愿的器皿以后，神就按我这器皿的大小浇灌我，从开拓当时的九名圣徒，到十月十日建堂礼拜的百余名圣徒，每年以几何级数成长，如今已成长为世界级的大教会。

神赐给我们其它任何教会都无法相比的惊人的复兴，其理由何在呢？人若按神的心意过圣洁的生活，心怀伟大的理想，唯独顺服神的旨意，神就会使用他，使他成为大器皿，并通过他得到荣耀。

我怀着伟大的理想，思考如何才能拯救更多的灵魂，把他们变成麦子而讨神喜悦，使他们成为得到称许的人而祷告。

任何人要想成为洁净的大器皿，就当具备相应的智慧，从神的话语当中找到了答案。

"你们中间谁是有智慧、有见识的呢？他就当在智慧的温柔上显出他的善行来。"（雅各书三章13节）

"惟独从上头来的智慧，先是清洁，后是和平，温良柔顺，满有怜悯，多结善果，没有偏见，没有假冒。并且使人和平的，是用和平所栽种的义果。"（雅各书三章17~18节）

照着神所赐的智慧，我就行出善行来。

为了宣教，从开拓之初，我就补助新开拓的教会，也为建神学院而奉献。为了使更多的主仆能安心投入神的事工，我就提供食宿并补助学费。

到了主日，为了使所有的圣徒可以在午餐中有更多的交通，守完全的主日，我就供应午餐。若想到财务，这些都是很难办到的，但我们把一切交托给神，一点也不忧虑，我们顺服神的话语"施舍吧！我就连摇带按地给你装满。少种的少收，多种的多收。"

为了使更多的灵魂得救，使他们变成麦子，并将荣耀归给神，我专注于祷告，与神交通，得到神的启示（参考哥林多前书十四章26节；马太福音十一章27节）。我想从神得到无数难解经文和圣经六十六卷书的启示，更好的传扬神完全的旨意，并成为世界福音化的前锋，故我常常激励自己。为使稗子变成麦子，使不信的人变成信的人，预备迎接主耶稣再临的日子，尽了我一切的力量和忠心。

5
启示

启示

一、蒙福的人

"不从恶人的计谋，不站罪人的道路，不坐亵慢人的座位，惟喜爱耶和华的律法，昼夜思想，这人便为有福。他要像一棵树栽在溪水旁，按时候结果子，叶子也不枯干。凡他所作的尽都顺利。"（诗篇一篇1-3节）

世上的人，不论是谁都想蒙福，很多人连名字都取成'阿福'之类的。当我生病的时候，曾去过国内以命名闻名的命相馆。从一大早开始，一直排到下午四点钟才见到取名先生，他叫"金奉洙"。他研究我和妻子的名字好一会儿，便说："李载禄只有死路一条，那李福临则一辈子只有当女佣的命! 这么不好的名字，我还是头一次看到。"

从那天起，我的名字改成李成昱，妻子的名字则改成李智延了。

然而我的病情并未转好，妻子的苦难也未见停止。岳父家的人说：自从生了女儿，就有福气临到，所以取名叫福临。但是现在这名字竟是女佣的命，也只好改成智延了，可是福气并没有因此而临到。

妻子和我为了得到福气，使出浑身解数，甚至到流泪的地步。要怎样才能获得健康？怎样才能赚到钱而脱离贫穷？又要怎样我的女儿才不会受别人的歧视，才能过幸福的生活呢？

世上的人若拥有健康、财富、平安、多子多孙，就算是有福气的人，特别是财富加增时，就算是特别蒙福了。人若蒙了这种福气，就能在世上无忧无虑地活着。可是，人若死了，这些福又有什么用呢？人若强健，可以活到七十岁、八十岁，可是如果连命都没有了，那么还需要什么福呢？这些只是在世上活着时需要的而已，终究会消失，这不能算是真正的福。

那么，真正的福气是什么呢？就算死了也不会消失的福是什么呢？记载着人类历史和生死祸福的圣经里讲述了有关蒙真正祝福之人的内容。

"我必叫你成为大国。我必赐福给你，叫你的名为大，你也要叫别人得福。"（创世记十二章2节）此人就是称为"信心之父"的亚伯拉罕。亚伯拉罕信创造万物的神，即那位掌权者，他单单顺服神的话语，是行为完全的人。亚伯拉罕活到一百七十五岁的高龄，他本是无法生育的人，却得到许多的后代，而且子女们都顺服父母。不但如此，他还有许多仆人和财产，并且蒙福，凡事都兴盛。亚伯拉罕死了以后被称为"信心之父"，并且在天国享受永生之福。

圣经上说的福，首先是信神并顺服祂，照着神的话语生活，得到没有眼泪、悲伤和痛苦的永生——灵魂之福。其次是因灵魂兴盛，凡事兴盛，身体强壮而临到的长寿、健康、子女、名誉和财富等在世上生活所需的福。得到这两种福，才算是得到真正完全的福。

世上有许多看似蒙福的人，但他们的福却眨眼即逝。我们周围有这种经历的人也很多，房子好几栋、轿车好几辆、花钱如流水，不到几年却窘迫到连一间房子都没有，因没得吃而挨饿的人；财产很多却英年早逝的人；一下子就失去了妻子、儿女的人，为数不少。这些人算不上真正蒙福的人。然而，神所赐的福是不改变的福，是与日俱增的福，是完全的福，有谁能否认呢！

我蒙的福

神照着我这器皿改变多少，相应地赐福我多少。在此我简述一下蒙了多大的福，所蒙的福又是哪些。

第一种福是得到了灵魂的祝福，拥有了天国的盼望。我曾连有没有神存在都不知道，也不曾知道有永远的生命，以为只有今生，而一直毫无盼望地活着。

可是有一天，我所有的疾病得到医治，体验到永生的神以后，我明白了神是存在的，也相信天国是存在的。因此，为我的无知和愚昧在神面前悔改，承认我是罪人，并且决定按神的旨意生活。得到这奇妙的救恩，这喜乐有谁能知道呢！我走路时也赞美、祷告，所有的事都充满了感谢和喜乐。成为单单仰望天国，一心遵行神的旨意，为担当好使命，至死忠心的人。

不但如此，也可以传扬我遇见的神，忠于基督的身体——教会，拯救无数的灵魂，又可以与神同工，作属神的人。

第二种福是健康和物质，还有儿女的福。因与神相遇，本来只有死路一条的我，满身疮痍痊愈，不但恢复健康，而且家庭和睦、物质充裕，儿女也健康、聪明伶俐。

第三种福是可以与神同行的福。因我常行神喜悦的事，所以神不会把我放在一边，始终与我同行。能与全知全能、无所不在的神同行，是多么令人羡慕，多么荣耀的事呢？

就好像小孩子有父母同行，饿的时候给他吃的，没有衣服穿的时候给他衣服穿，没有地方住的时候给他地方住一样，凡有不足的就赐给他充充足足，保护他免于危险。同样地，神与我同行，赐给我一切所需的，并赐给我权柄、能力和智慧，使我在神的事工上没有一点缺乏。

被鬼附的人看到我就发抖，身为牧者在台上所说的每一句话都使羊群得到保障，使他们相信并顺服，无数接受祷告的人体验了神的大能。

第四种福是不管我向神祈求什么，都能照着主的意思蒙应允。

不管祈求什么

那是开拓教会半年以后的事。那时圣殿在二楼，起居室和教会的办公室则在地下室。一九八三年二月农历除夕夜，周五彻夜礼拜结束后，凌晨五点左右，突然发生瓦斯中毒事件，引起很大的骚动。

在地下室睡觉的三个女儿和原本想来参加彻夜祷告却因疲倦而睡着的一个青年，正在死亡的门前徘徊。当我们发现的时候，他们的身体都已僵硬了，圣徒们都惊惶失措，我叫人将他们抬到圣殿，我走到台上双膝跪下开始祷告。

"天父啊，感谢您！若祢要带走我的三个女儿，感谢您；若要救活她们，也感谢您。或者，若我有不足之处，就请让我明白并饶恕我。但是，父啊！这青年是我的羊，恳求天父救活他，以免亏缺了您的荣耀。"

我从台上下来，并将手放在青年身上祷告："我奉拿撒勒耶稣基督的圣名，命令瓦斯出去，从这青年身上出来。愿天父拯救这个灵魂，并接受这荣耀。"

同样也为三个女儿做了祷告。祷告结束后，已僵硬的青年慢慢坐了起来，迷迷糊糊不知发生了什么事的样子，随后我的三个女儿也坐了起来，哈利路亚！

圣徒们看到这样的奇迹，信心大增，并将荣耀归给在信的人凡事都能的神。这事之后，也有许多因瓦斯中毒将要死亡的人，单单接受祷告就活过来了。

教会开拓一年后，第一次举行的初中、高中部夏令营。出发前整夜不停地下着倾盆大雨，黎明时分更是雷电交加。在圣殿收拾行李的青年学生，看到这情况都大感失望。

于是我向神祈求。"天父啊！今天是夏令营出发的日子。愿掌管天气的天父将雷电止住，将暴雨止住。求主记念初中、高中部这些年轻的灵魂，使他们可以好好的往夏令营出发。主啊，我信！"

我和所有的学生一起以信心祈求神，令人惊奇的是神立刻使风雨止住了。

当时，夏令营的地点位于仁川的大阜岛，一天只有一班船而已。预定出发的时间是早上五点整，我们等到四点五十五分时，大雨仍然倾盆而下。

我凭信心对大家宣布说："青年们！学生们！从现在大家一起同心祷告，向神恳求止住雷雨，雷雨就会止住，你们相信吗？"大家都以"阿们！"回答。三分钟左右的祷告结束后，我下达了出发的指令。大家从二楼下到一楼，脚一踏在地面，雨竟如同做梦般的停了。有谁能相信这样的事呢？

掌管天气的天父上帝，不管我们祈求什么，难道祂会不应允我们吗？"你们若常在我里面，我的话也常在你们里面；凡你们所愿意的，祈求就给你们成就。"（约翰福音十五章7节）照着这句话，我们得到了惊人的祝福。

神所赐的福并不是只给我而已，无论何人只要相信神、爱神，愿意照着神的诫命过圣洁的生活，神都愿意将祝福赐给他。可只是"主啊！主啊！"这样呼求主和信主的人，都能得到如此的祝福吗？愿我们遵行神话语生活，使灵魂兴盛，凡事兴盛，身体健壮，不管祈求什么都蒙应允，并与神同行。

二、主的声音

"'一切所有的都是我父交付我的。除了父，没有人知道子是谁；除了子和子所愿意指示的，没有人知道父是谁。'耶稣转身暗暗的对门徒说：'看见你们所看见的，那眼睛就有福了。我告诉你们：从前有许多先知和君王要看你们所看的，却没有看见；要听你们所听的，却没有听见。'"（路加福音十章22-24节）

现今有许多家长和老师为问题青少年而忧虑。青少年行为之所以偏差的原因，大部分是因为家庭里没有爱。与父母没有爱的交谈，无法感受父母的爱，也无法被父母领向正路，过正常的生活，结果在叛逆的青少年期，陷入罪恶的深渊无法自拔。

神的儿女也是一样，若与神有爱的交流，就能过神所喜悦的生活，也能与神同行。但是，如果无法与神有爱的交流，就会因无法感受到神的爱而离弃神，结果只能掉入罪恶的深渊。

若要过与神同行的生活，就要与神有深入的、爱的交谈，听神的声音，清楚明白神的意思并顺服神的旨意。如此生活就能将荣耀归给神，并积存许多奖赏。

若是神的儿女无法与神交谈，这是多么悲惨且痛苦的事呢？与不能沟通的父亲生活，哪里会有幸福可言呢？

因此，当我们与阿爸父神交谈的时候，祂会将声音赐给我们。神的声音有好几种，以我个人的经验，简单地说明一下神如何使我们听到祂的声音。

圣灵的声音

在接待主耶稣作自己的救主以前，我们是凭着良心在世上生活。心地善良的人过善良的生活，不行恶。然而看到许多坏事，恶就进入心里，良心变坏就过罪恶的生活。

举例来说：如有一件想要的东西在我面前，也有机会可以偷偷地拿走它。属善的良心说："偷偷地拿走就是偷窃，绝不可做这种事。"心地善良的人，因听到良心的声音而不偷窃。

可是另有一个声音说："怎么啦？反正没有人知道！拿这一点没关系的！"良心泯灭的人，因不听从良心的规劝，顺从恶念，而犯下偷窃的罪。

如此良心的声音，因人而异。

凭良心处世的人，当信了耶稣，去教会就能听到神的话语。神的真理并不会因情况而有所不同，是不变的。当我们开启心门，接受耶稣作自己的救主，就能得到圣灵作为礼物，透过头脑吸收，真理进入心里，使死去的灵重新苏醒，这就是得到圣灵的阶段。

圣灵见证主，让我们明白真理并发现罪恶，使我们得以借着真理的话语离弃罪恶。我们离弃多少罪恶，就能听到多少圣灵的声音。将罪恶完全弃绝，就能正确地听到圣灵的声音。

圣灵的声音有三种

第一种是让我们明白真理的圣灵的声音。心里决定从此不再恨人了，但看到自己恨恶的人出现时，恨心又生出来。此时圣灵就以神的话语让我们明白。"人若说，'我爱神'，却恨他的弟兄，就是说谎话的；不爱他所看见的弟兄，就不能爱没有看见的　神（有古卷作'怎能爱没有看见的　神呢？'）。"（约翰一书四章20节）听到圣灵的声音，管治自己的心，为了爱人而努力祷告，这样恨人的心就不知不觉地变成爱人的心了。

第二种是神借着不安，让人明白圣灵的声音。当与弟兄交谈时说了不该说的谎言，圣灵使人知道这是罪而感到不安。这是在与真理相违背时，神赐的不安。

也有没违背真理却持续使人不安的圣灵的声音。全知全能的神预知一切，有时会使人想祷告，想回家或想做什么事。这是神为了预防事故，避开危险，引导人走亨通的道路。比如搭公车时，心里老是不安，并有不想搭车的想法，这就是来自圣灵的声音，让人不要搭公车。

我作执事的时候，某个主日有同工会，所以打算参加第二堂礼拜，可是自早晨心里就一直不安，做完了第一堂礼拜，突然想去姐夫家走一趟。顺服圣灵的声音到姐夫家去，那时正是久病的姐夫临终的时刻，我不断为他祷告、唱诗，使他有得救的确据。这是圣灵为拯救一个灵魂而催促我去的，是借着使人不安而引导的声音。

第三种圣灵的声音是将清楚的话语赐给我们。神借着"可行……""不可行……"的话语使我们遵行祂的话语，或是借着劝勉、安慰的话使我们得到平安。

大部分基督徒听到的都是圣灵细微的声音。若不忽视从内心深处发出的圣灵的声音，并且顺服祂，就能越来越清楚听到圣灵的声音，这样很快就能成为属灵的人了。

神亲自赐下的声音

圣经有许多地方记载着神以声音亲自说话的情况。

"耶和华又来站着，像前三次呼唤说：'撒母耳啊！撒母耳啊！'撒母耳回答说：'请说，仆人敬听！'耶和华对撒母耳说：'我在以色列中必行一件事，叫听见的人都必耳鸣。'"（撒母耳记上三章10-11节）

"他就仆倒在地，听见有声音对他说：'扫罗，扫罗！你为什么逼迫我？'他说：'主啊！你是谁？'主说：'我就是你所逼迫的耶稣。'"（使徒行传九章4-5节）

我共听过四次神的声音。祂的声音就像人的声音，也像清澈的流水般，我完全被那声音吸引住了。其宏亮使我害怕、战栗，但另一方面又使我喜悦得无法言喻。然而，神的这种声音是不容易听到的。

我第一次听到神的声音是于一九七五年在七宝山呼求祷告时，第二次是于一九七七年在五山里禁食祷告院听到的。

在礼拜的时间牧师讲道说：是神赐人智慧，发明了药物，因此人上医院医病吃药是神的旨意。但我因相信在神没有难成的事，心里甚是纳闷。于是到祷告室恳切求神告诉我吃药是不是神的旨意。此时我又一次听到神的声音——"你要查读历代志下第十六章。"我感激万分，立刻打开圣经一看，那里记载着有关亚撒王的事——"亚撒作王三十九年，他脚上有病，而且甚重。病的时候没有求耶和华，只求医生。他作王四十一年而死，与他列祖同睡。"

亚撒王曾从国中彻底废除偶像得神的喜悦，然而当自己生病的时候，却没有依靠神，而依靠世界，最终医治无效而死。

有关亚撒王的经历如此详细地记录在圣经中，可见神多么痛心此事。借此我再次确信神愿我们都能拥有专心依靠全能神的信心，而不愿我们依靠世界的事实。

一九七八年我又听了两次神的声音，就是我蒙召为神的仆人时和神再次让我听到祂的声音得到印证之时。

透过天使赐的声音

"天使回答说：'我是站在神面前的加百列，奉差而来对你说话，将这好信息报给你。'"（路加福音一章19节）

"天使对妇女说：'不要害怕！我知道你们是寻找那钉十字架的耶稣。'"（马太福音二十八章5节）

圣经多处记载神透过天使将祂的意思告诉人，天使是被神差遣的灵，他们的声音很美妙。神也借着受祂掌权之人的口，使人明白真理，或赐给某些感动以成就神的旨意。因此我们要知道神有时也借着主仆、教区长、地区长、组长、区域长或是有信心的家人或是小孩子动工，让我们听到祂的声音。甚至神曾开驴的口，使巴兰明白神的"声音"（参考民数记二十二章28-30节）。

（注：教区长——由主仆担任。地区长——教区下设有二至三位地区长。组长——地区长下有二至三位组长。区域长—组长下设有二至三位区域长）

启示的声音

旧约圣经是以预言构成的。预言是神启示的，借着圣灵说出要成就的事，并照所启示的应验。

旧约里许多的预言，都已经应验了，还有将来要成就的预言，如耶稣基督的再临、七年大灾难等。

预言是指人通过神所赐的神秘的灵感，说出将来的事。除此之外，还有有关警告、宗教的训诲、道德的劝勉、政治或实际的忠告、应许、祝福、审判以及神的祝福等传达神旨意的预言。

神在阿摩司书三章7至8说到："主耶和华若不将奥秘指示祂的仆人众先知，就一无所行。狮子吼叫，谁不惧怕呢？主耶和华发命，谁能不说预言呢？"神透过预言将祂的旨意告诉我们。

查考圣经会发现许多处神借着先知们预言的内容。神启示人将来的事，是为了坚固圣徒们的信心。

数年前当我为财政恳切祷告的时候，神告诉我下周要赐我们

3300万元的祝福。虽然当时一周的奉献量只达到300万元到400万元，但我相信神的这一应许，就向圣徒们坦然宣告下周教会财政收入要达到3300万元。结果一周过后一结算不多不少正好那个数目。通过这种体验圣徒们得到了更大的信心。

神透过预言者的声音

与神交通的时候，代替神说话的就是代言。

"耶和华的灵（注：原文作"手"）降在我身上，耶和华藉他的灵带我出去，将我放在平原中，这平原遍满骸骨。他使我从骸骨的四围经过，谁知在平原的骸骨甚多，而且极其枯干。他对我说：'人子啊，这些骸骨能复活吗？'我说：'主耶和华啊，你是知道的。'他又对我说：'你向这些骸骨发预言说"枯干的骸骨啊，要听耶和华的话！主耶和华对这些骸骨如此说：我必使气息进入你们里面，你们就要活了。我必给你们加上筋，使你们长肉，又将皮遮蔽你们，使气息进入你们里面，你们就要活了。你们便知道我是耶和华。"'于是，我遵命说预言。正说预言的时候，不料，有响声，有地震；骨与骨互相联络。我观看，见骸骨上有筋，也长了肉，又有皮遮蔽其上，只是还没有气息。主对我说：'人子啊，你要发预言，向风发预言，说主耶和华如此说：气息啊，要从四方（注：原文作"风"）而来，吹在这些被杀的人身上，使他们活了。'于是我遵命说预言，气息就进入骸骨，骸骨便活了，并且站起来，成为极大的军队。"（以西结书三十七章1-10节）

同样地，若有代言神话语的人该有多好啊！若能得到许多启示，该有多好啊！启示录是耶稣基督的启示，为了将必要快成的事告诉祂的仆人，而派遣天使对约翰所作的晓谕（参考启示录一章1节）。

"一切所有的，都是我父交付我的。除了父，没有人知道子；除了子和子所愿意指示的，没有人知道父。"（马太福音第十一章27节）照这句话所说：若要知道我们的父神，就要得到启示。启示是我们与神交通时才能得到的，透过与神的交通才能听到神的声音。

我因坚信神的话语一点一划都不会落空，在做40天禁食祷告的过程中，恳切求神赐我象以西结一样能代言的人，好使我完全装备神的话语，领受对将来之事的启示。

一九八二年五月，神通过代言吩咐我们要在太阳炽热之时开拓教会。教会开拓于七月二十五日，代言得以成就。

从此开始，就像神借着以西结的代言彰显祂自己的大能一样，神使我们教会也借着代言彰显祂惊人的作为。

瘫痪的人重新得力就地站立并行走等无数的神迹奇事彰显。借此圣徒们的信心日益增长，渴慕追求神，并心意更新而变化。

从一九八三年五月开始，我得到了圣经中难解经文的启示。这是通过数不清的禁食祷告、彻夜祷告、大声呼求，七年的试验后得到的宝贝。再难解的经文，也浅显易懂地为我们解释，将完全的意思告诉我们。

除了上述的几种途径外，也透过天地万物、异梦、异象或圣经的话语，让我们听到神的声音。

彼得灵眼打开看见了天使；司提反看见天门开了，并看见神的荣耀和主耶稣站在神宝座右边的情形。在神没有难成的事，昔在，今在，永在的神，如今也同样作工在我们身上。

相信神的人，应透过与父神的交通清楚明白并顺服神的旨意，如此才能得到神所赐的真正祝福，得享真正的祝福，成为得胜的基督徒。

三、掌权者

开拓教会以后，神让我到国内各个地方引导复兴盛会。

但是引导复兴盛会的时候，人们的信仰状况，着实让我大吃一惊！

主耶稣为什么被钉在十字架上，为什么只有相信主耶稣才能得救等，真正领悟十字架的奥秘而相信神的人并不多。不但如此，因为人们无法完全相信神是活着的神，所以神好像不是活人的神，反倒成了死人的神。

因此，每当去复兴盛会，为了多拯救一个灵魂，我都倾注所有的心血。每当从周一开始见证救赎、神迹、复活、再临和天国的信息时，就有魔鬼撒但强力的妨碍，但是最后我们还是得胜了，到了周三左右，不仅是圣徒，还有许多主仆人也悔改了。

如此充满神的作工、爱和恩惠，怎会没有惊人的神迹奇事呢？无数的灵魂经历神，与神相遇，生命怎么会得不到更新呢？瘫子站起，瘸子行走，各种病人都得医治，哈利路亚！

为了让我得到话语的启示，将神完全的旨意传扬到世界各处，并告诉我不信主耶稣的犹太人将来会认罪悔改等，神让我停止复兴盛会。

顺服神！我只是神使用的仆人而已，神若不动工，我就什么都不能做。相信神借着我成就祂所要行的事，因此只要是神的旨意，我就无条件的顺服。

自一九八三年五月，为了得到启示而做准备。主日礼拜结束后，就到祷告院。从周一到周四，一边看神的话语，一边祷告。就如使徒约翰远离尘世到拔摩岛，单单与神交通，得到神的启示一样，不仅是世俗的事，连回教会的事，甚至羊群的问题也全忘了。这是因为一心想着和神交通，才能得到启示。周五晚上有彻夜礼拜，回家准备讲章，讲道结束后，周六准备主日大礼拜和晚礼拜的信息，还有一连串祷告、探访和商谈的事。（教会事务是商谈，圣徒的事是协谈）

　　为了让我细读圣经，神让我先速读三遍。然后启示我科学家、知识分子会提出科学性反论的内容，从创世记到启示录，将又大又奥秘的事告诉我。神以讲解的方式，解释给我听。掌管宇宙万物和人类历史的神将祂要行的事，清楚地告诉我。

　　再读三遍圣经以后，神将难解的经文告知我，其内容使不信的人也不得不屈服。哈利路亚！

　　为了得到这惊人的启示，和魔鬼撒但争战可真是到流血流泪的地步了。如主耶稣在客西马尼园祷告，汗珠如大血点滴在地上一般；如以利亚在迦密山为了得到极大应允而恳切祷告一样。

　　每日做完晨祷，吃过早餐就一直祷告到中午。午餐后，稍作休息，就一边看神的话语，再一次进入祷告。若有丝毫不合乎神心意的，就无法进入灵界得到启示了。因为唯有胜过魔鬼撒但的诡计和试探，一切的罪恶禁戒不做，追求和睦，使神喜悦时，才能得到启示。

透过启示再次体验神的全能，深深明白神的爱，并归无限的感谢与荣耀给神。

有时我看着世界地图，建构着世界宣教的梦。呈现在眼前的小小地图，使我一眼就看到整个世界。每当此时，都让我感到世界真的是小啊！就好像看着自己手掌心一样的感觉。

那么，神又如何看这个世界呢？我们伸出手，不但可以看到手掌、手指，连掌纹、指纹都看得清楚。手掌就像我们所住的这个世界，如同我们可以自由移动手掌一样，神是世界的主人，祂掌管着这个世界。

神从创造的第一天直到第五天，创造了宇宙万物，建造了适合人居住的美丽环境。第六天创造了人，使他生养众多，遍满地面，治理这地，并管理各样的活物。

那神到底掌管什么呢？

神掌管宇宙万物

神创造天地万物，为了给人们预备美好的环境，掌管着宇宙万物。神掌管太阳、月亮、星辰、银河系及宇宙万物，使之井然有序，有夜、有昼、四季和节气，并且借着天使调节阳光和风雨来掌管天气。

所以，诗篇七十四篇16-17节里赞美神说："白昼属你，黑夜也属你；亮光和日头是你所预备的。地的一切疆界是你所立的；夏天和冬天是你所定的。"

神掌管人类的历史

圣经里有很多人类历史的记载，借此可以相信神掌管人类的历史。

旧约圣经里记载着人类的起源，国家的形成，以色列的历史和各国的兴亡盛衰。还有第一次、第二次世界大战与第三次世界大战。新约圣经里记载着希腊文明和罗马时代的历史，人类历史的结局等，依此能明确知道神主管人类的历史。

耶稣关于末世的预兆说："你们也要听见打仗和打仗的风声，总不要惊慌，因为这些事是必须有的，只是末期还没有到。民要攻打民，国要攻打国，多处必有饥荒、地震。这都是灾难的起头。"（马太福音二十四章6-8节）这些都在一一成就。

神掌管人类的生死祸福

人类生与死的问题，生命是否要终止，可自己决定，但生命的权柄仍掌握在神的手里。人再怎样想活下去，时间到了，也只有一死。人恶贯满盈时，生命也会被取走。

列王纪下二十章里，到了死期的希西家王恳切祷告神，生命得以延长。如同这样，延长人的寿命，主管人生死的，唯有神一位。但神并不是独裁地决定谁活到几岁，谁几岁就得死。

神的法则是照人所行的报应各人，怎么种，就怎么收。种的是义，就收福的果子；种的是恶，就收祸的果子。因此，义人因信生活，得到拯救，承受永生和天国；而恶人呢？罪的工价乃是死，只有到地狱了。所以若相信既是道路，又是真理、生命的耶稣基督就得着天国；若不信，就只能去地狱。为恶，就以恶报之结果只有灭亡之路；若努力为义，就积攒奖赏在天国。

神以富裕报应殷勤、流汗、努力打拼的人，对懒惰的人，没有富裕，只能报以贫乏。我们也见到许多例子，义人若不工作，也将遭致贫乏；恶人虽一获千金，看起来很兴盛，但败亡和不幸接踵而至。

因此，不管是义人或恶人，神都一样的将阳光、空气和雨水赐给他们，神是在爱和公义当中，掌管人类的生死祸福。

神掌管信神的义人，得以亨通

神借魔鬼撒但，也借天使来管理神的儿女。神的儿女若向阿爸父神恳切祷告，祂就必掌管一切，赐给凡事亨通的祝福。

透过我们的祷告，神可以除去一切撒但的势力，并借着天使保护我们。然而，不信的人无法躲避撒但的妨碍，只能承受，当然也得不到天使的保护。

不但如此，凡信神的人必得到圣灵的引导，若顺服圣灵的声音，就蒙圣灵的引导，避开危险和歧路，走正路而凡事亨通。不信的人就无法得到这种福气，唯有信神的人才能得享这种福气。

我遇见了掌权的神，得到数不清的福分。因神掌权，我成为主的仆人拯救走向死亡的灵魂，成为传扬神话语的人。

神的话语是完全的，一点一划都不能废去的。让我听见圣灵的声音，能传讲这生命的话语，将这一切感谢、荣耀归给阿爸父神。

四、启示的内容

我接待主后，经过三年的试炼，离弃了一切罪恶，得以住在主的话语里，神赐给我辨别诸灵的恩赐。

当我听神的话语时，一些按字面意思的解释和动用人的思想的解释，常在我心里作难。所以被呼召为主的仆人，在神学院读书时常向教授们提问。可是这些疑问并未得到解决，第二学期起，就不再提问了。我祈求神亲自解释，因为许多难解的经文并不像解经书上所注释的那样，也不明白真正属灵的意思。

现在借着神的启示，明白了话语的属灵含义。这喜乐，就算是拿整个世界也不会换的。为得到圣灵的启示，所付出的辛劳和痛苦也都消失了。

"你求告我，我就应允你，并将你所不知道、又大又难的事指示你。"（耶利米书三十三章3节）我将荣耀归给照着这句话应允我恳求的神。

婚筵的比喻

在此介绍几项得蒙启示的内容：婚筵的比喻。（参考约翰福音二章1-11节）

任何人都有参加婚宴的经验：男人与女人结合成为一体的婚礼是庄重、神圣的，也是可喜的，但是仪式之后的喜筵却是过度的吃喝。您对耶稣在婚宴上变水为酒的神迹有怎样的认知呢？

耶稣为了传扬神的福音并使死人复活，来到世上。可耶稣为什么会在世人的婚宴上，将水变成葡萄酒，使人尽情的取用呢？而且这是祂开始事工时所显的第一个神迹，为什么祂会行这样的神迹呢？

　　我不明白的地方很多，但我相信神必定告诉我，为此我开始向神恳切地祷告。有一天，当我为明白婚宴的比喻而向神恳切地祷告时，神通过代言者向我启示。

　　代言是指神借着代言者的嘴唇将神的旨意告诉我们。因此，说话者是主，只是借着圣灵的感动借用代言者的嘴而已，但愿不要产生误会。所以，代言中的'我'指的是耶稣基督。

　　"此时，我借着女仆的口，向你指示我的旨意。迦拿婚筵是什么意思呢？我所行的第一神迹不是婚筵的葡萄酒吗？我所爱的仆人啊，你所领受的只是一部分，怎么能一下子领受更多的呢？你们若使我喜悦，以真诚、完全站立得稳，我岂不将更多的话语赐给你们吗？你们当感谢！

　　我所爱的仆人啊，迦拿婚筵是我蒙神的能力所行的第一个神迹，为何要在婚筵中将水变成酒呢？

　　在末世，人照常吃喝嫁娶（参考马太福音二十四章37-38节），但在挪亚的时代，洪水怎样了呢？不是因看到人嫁娶、放荡、醉酒，才以神话语的水来审判他们的吗？那么，迦拿婚筵指的又是什么呢？加利利的迦拿指的就是世界，婚筵是指嫁娶，那里的葡萄酒通指各种酒；有人会酒醉，酒醉就会放荡，放荡就有了争斗，那岂不渗进世界的一切吗？

如经上所记，我也被请去赴宴。魔鬼撒但在耶稣基督的末期怎样了呢？不就是将耶稣钉在十字架上来成就他的计划吗？我被请赴席，是因魔鬼撒但想要将我钉在十字架上（参考马太福音二十六章50节），所以，我将这话记载在圣经上，不只是表明婚筵上的神迹，也要借此表明其中所含的真意。所以这样表明了神的心意。因此，乍看之下，不过将它当做是一件神迹而已，然而你们当知道我的心意。我所愿意启示的人，就会得到启示，我不是如此告诉你们吗（参考马太福音十一章27节）？

我实实在在地告诉你们，我岂不是向魔鬼撒但表明，我变给你们的葡萄酒，就是赐永生的耶稣基督的血，使你们得永生吗？世上的葡萄酒只是酒，但我所做的葡萄酒，其红色却是象征着血。我实实在在地告诉你们，当魔鬼撒但请我赴宴时，我借着所流的血表明给他们看，我将永生赐给你们。

我所爱的仆人啊，因世界要求我，我被钉死在十字架上；世界的酒使你们放荡，而我赐的葡萄酒却显明是使你们得到永生的血。知道这道理的不是只有父与我吗？我清楚地使你们明白，你们当无不足之处。

我所爱的仆人啊，你当知道，自我来到世上开始，一切所行的都是在信心的世界进行的。可是，我并不是叫你们一味的相信人所看不到的。我必定启示你们，在我所指示你们的地方，赐给你们信心，使你们因而有信心；而拥有信心的人，父更将信心充溢地赐给他。

曾经，我对约瑟说：'不要怕，只管娶过你的妻子。'约瑟不是相信，并照着去行了吗？我对马利亚也是如此说：'你要怀孕生子。'因马利亚相信会照着这话成就，她才因圣灵感孕；若她不相信，圣灵怎能动工使她感孕呢？自从我来到世界后，一切进行的过程皆是以信心开始的，何况我所行的神迹，若没有信心，就行不出来。

我所爱的仆人啊，不管是什么地方，除了为父的荣耀而成的事，或父所成就的特别事以外，无一不是靠着信心成就的。你们当知道，阿爸父神是公义的，不接受魔鬼撒但的控诉，一切的事，都以公义开头。所以我肉身的'母亲'有信心，因她愿意我成就神迹，所以我才能行出神迹，这也因她相信神迹必定成就之故。你也知道，在没有信心的地方，我不行神迹。我使死去的大比大因着彼得的祷告复活，是要给你们显明，若父神被感动，就能随意行神迹。

我实实在在地告诉你，我每到一个村子就大大行神迹，到了另一个村子，就多行一个神迹，不就是为要使这事传遍各处吗？

我所爱的仆人啊，你当明白，我没有在同一个地方行好几样大的神迹，而当你现在听到我所说的之后，在了解这许多的事情上就没有不足的了。"

如此，当我得到启示后，就能很容易地解开神的话语了。

耶稣开始出来传道第三天，就被邀请到加利利迦拿的婚筵，耶稣的门徒和"母亲"也受邀赴宴。酒不够的时候，耶稣的"母亲"告诉祂没有酒了，并期盼耶稣行神迹。耶稣虽然回答说："妇人！我与你有什么相干，我的时候还没有到。"但马利亚仍相信耶稣一定会为他们行神迹，吩咐佣人说："祂告诉你们什么，你们就做什么。"因为马利亚有信心，所以主耶稣才能行神迹，而神迹也得以成就了。

耶稣对佣人说："把缸倒满了水。"他们就倒满了六个石缸，直到缸口。耶稣又吩咐佣人舀出来送给管筵席的尝。管筵席的尝了水变的酒，却不知是哪里来的，只有佣人知道。管筵席的便叫新郎来说："人都是先摆上好酒，等客喝足了，才摆上次的；你倒把好酒留到如今。"耶稣在加利利的迦拿，借着所行的第一个神迹，彰显神荣耀（约翰福音二章11节）。祂告诉门徒要相信祂所说的话，就是用婚筵来比喻祂开始传道到事工结束的整个过程。那么，让我们仔细地将这事的属灵含义阐明看看。

主耶稣受邀前往加利利的迦拿赴宴，是意表世上的人为了将耶稣钉在十字架上而邀请祂，耶稣允许世人将祂钉在十字架上，并因被钉而死在十字架上。

婚筵意味着又吃、又喝、充满罪恶的末时，而将水变成葡萄酒则意表耶稣被钉在十字架上流出的血，成为使人得永生的血。

尝了由水变成的葡萄酒，说是好酒，意思是指喝了主耶稣的血，罪得赦免，有了天国的盼望而喜乐。

主耶稣行第一个神迹，是显明耶稣被钉在十字架上，受死，第三天复活的神迹，以此彰显神的荣耀。

当主耶稣的门徒看到主耶稣将水变成酒的第一个神迹后，相信主耶稣，是意味着直至主耶稣被钉在十字架上，受死，复活后，门徒才完全相信主耶稣。从那以后，他们甚至连生命也愿意牺牲，只为见证主耶稣的复活和十字架的道理。

如果我们将含义深远的主耶稣的第一个神迹，单纯地看成主耶稣为了庆祝结婚而行了第一个神迹的话，这会令我们的神有多痛心呢？

当我明白主耶稣开始传道后，为了清楚地展现祂救赎事工的全貌，而行了惊人神迹后，我的心不知有多高兴，直到现在我的心仍澎湃不止。

人类六千年历史也透过六口石缸登上舞台，容后有机会再作说明。

以色列的灭亡和复兴（参考约翰福音十九章23-24节）

在读旧约圣经时，神赐给我许多有关以色列的启示。

"我所爱的仆人啊，我是从以色列而出的，我是从大卫的根所生的。我实实在在地告诉你，整个以色列就是我的身体，刺了我的身体就等于伤了整个以色列。以色列民族伤了自己国家的王，就是伤害自己国家的预表。就像枪刺伤了我一样，以色列民族也将被枪刺伤。兵丁将我的外衣分成四份，每人取一份，预表了所有百姓也将四散；兵丁为我的内衣拈阄，这预表国家终将灭亡。

我所爱的仆人啊，你们如果始终同心合意，常常喜乐，保持手洁心清，父什么事都能成就。但有谁知道这宝贵的话语呢？

我将这话语解开，是因为这话语要传到以色列民族，你们听了这话并要宣扬，等你们在空中被提以后这话语将会进入以色列民族那里，触动他们的心弦，我也必使他们认罪悔改。魔鬼撒但必然会乘虚攻击这些话语，故你们心中有恶时，绝不能揭开，因此我一直都没有启示这些事。

我所爱的仆人啊，他们在伤我的时候说了些什么呢？'他的血归到我们和我们的子孙身上。'你们当知道，你们的阿爸父神照着他们的话报应他们了。

我所爱的仆人啊，这里衣不是上下缝起来的，乃是上下一片织出来的，而圣经为什么会记录这个呢？这是由于自雅各被称作以色列后，由他一脉相传而形成以色列民族的关系。若里衣被撕裂了，那么以色列还能再兴起来吗？因此必然不能被撕裂，这预表以色列民族将再度结合在一起。

我所爱的仆人啊，虽然外衣被分成四份，以色列民族四散、亡国，但因存留里衣，因此不会连他们的内心也被撕裂。

我所爱的仆人啊，听到这话的人，怎能不惊奇，视之为宝贵呢？"

让我们通过这代言来解开神的话语。

当士兵将耶稣钉在十字架上，又将祂的外衣分成四份，各自取走，是预表以色列将耶稣钉在十字架后，于公元七十年遭罗马帝国毁灭而亡国，百姓也东南西北四面分散。

取了里衣，这里衣不是缝的，而是上下一体织出来的，因此不撕裂它，拈阄取走的这句话，仍是意表自雅各一脉流传下来的以色列的民族精神，他们侍奉神和爱国的心，终究不会被外邦人撕裂，并且会再度复国。果然照所预言的于一九四八年五月十四日（请参考以西结书三十八章）独立建国。亡国近两千年的以色列得以再度复兴，真是奇迹中的奇迹。若无神动工，是不可能成就的。

6
宝贵的生命

宝贵的生命

一、回忆

"这么惊人的话语，我到哪里能听到呢？这么宝贵的话语，有谁能告诉我呢？"

我的心砰砰地跳着，心里发热，眼里充满了泪水。

"主耶稣的外衣和里衣的秘密，以色列灭亡和复兴的历史……"

我怎能不感谢将这样宝贵话语赐给我们的神呢？感谢再感谢。将启示所得的内容搁在心里，左思右想，怎么想都令人惊奇。

神以祂的慈爱环绕我，泪水止不住的流下来。

得到惊人的启示之后

神完全掌管我的生命，也按祂的旨意，引导我。因为是奇迹的连续，熬练的连续，因此使这生命显得格外的宝贵。

我个性内向、一无可取、躯体瘦小又任性，神为何在末时呼召我成为担负拯救无数灵魂的使命呢？又使我胸怀大志，引寻到如今呢？我再怎么自负，也只不过是个一无可取卑贱之人啊？我在人前能大胆承认的，是有一颗不变的心和以善良与正义的心志活着罢了。

不看大卫的外貌，只看他的内心而立他为王的神！祢不嫌弃我的外貌，却看重我的内心，使我担负世界宣教的使命，我真的感谢祢。我再一次体会到神的爱。

神呼召了我，并彻底地试炼了我。现在回想起这些试炼的过程，真是不得不感谢神，若没有这些试炼，我怎能成为祂宝贵的仆人呢？

让亚伯拉罕献上以撒的神，让雅各摔跤直到其腿瘸了的神，同样也试炼我，使我远离一切的罪恶。我刚信主的时候，为了按神的话语生活，与恶有数不清的争战，在我成为执事时，神就赐我能够遵守诫命的能力。神说："凡看见妇女就动淫念的，这人心里已经与她犯奸淫了。"于是我为除淫念禁食并祷告三年，最后终于得到了应允。

然而，试炼并未就此结束。读神学院和开拓教会的过程中，神透过试炼断绝我自己的意念，使我能单单顺着圣灵的感动而行。现在我是一个没有自己的想法和意念的人，神使我成为以耶稣的心为心的人。

开拓教会之际，我也听到一些非难我的声音。或许他们因没有经历神属灵之事，对我跟神交通一事觉得不可理解的缘故吧。说我是"异端"的逼迫和试炼来临时，我以宽恕到底的爱，为逼迫我的人祷告并感谢神，我能这样做，都是忍耐试炼的结果。正因为如此，神赐我开拓教会之福，使教会急速复兴，使许多灵魂得救。

开拓教会之际，我也听到一些非难我的声音。或许他们因没有经历神属灵之事，对我跟神交通一事觉得不可理解的缘故吧。说我是"异端"的逼迫和试炼来临时，我以宽恕到底的爱，为逼迫我的人祷告并感谢神，我能这样做，都是忍耐试炼的结果。正因为如此，神赐我开拓教会之福，使教会急速复兴，使许多灵魂得救。

既被神立为牧者，我也当成为像主耶稣为门徒洗脚一般的人。我担负着要好好带领灵魂、一个也不可失落的使命。只要是神的事工，只要为了灵魂的得救，就算遭受任何凌辱，也要像主耶稣那样欢欢喜喜地背十字架。

我的眼泪未曾干过。为了羊群要有流泪的恳求，为了启示要有哀痛的恳求，为了教会要有爱的恳求。

有一天，神赐给我一个既宝贵又惊奇的礼物，充满了任何人也无法给予的爱和安慰。这礼物就是神赐下的歌——《我所爱的仆人啊！》

"我以我的宝血洗净了你的罪。

从此，借着你彰显我的能力

使已死的灵魂复活。
我要与你同在。

以我的身子、我的血与你立约。
我的仆人，你当信我，
无论你往何处，必要刚强壮胆，
我是你生命的能力。

我是你真生命的能力，
你当靠我得胜。
我所爱的仆人啊!
你当往前再往前，
我要与你同在。

父啊! 请接纳他们，
我所爱的仆人。
父相信我并派遣我，
故我也相信你。

你是我的力量，你是我的爱。
我所爱的仆人啊!
借我荣耀之光，在末后迎接我时，

我也要迎接你。"

按立牧师之后

开拓教会四年后，被按立为牧师时，看到所有圣徒的喜乐之情，我热泪盈眶。

按立牧师典礼结束后，神吩咐我与圣徒分开三周做二十一天的"但以理"祷告，单单与神交通，因神要给我讲解《启示录》，使我禁食踏上牧会者的道路。

我成为牧师后，好久没看到圣徒了，很想念他们，但为了神的旨意而忍耐下来，也因此，使我再次体会到圣徒的宝贵。

而这也使我想到自开拓以来，神是怎样呼召这些圣徒给我的。各式各样的人，经历到神是活着的见证。中风的起来走路；因车祸变成残障的起来走路、跳舞。因为有很多神迹奇事，所以很多人经历神，圣徒的信心成长很快。

如使徒保罗对哥林多教会说"因我在基督耶稣里用福音生了你们"一样（哥林多前书四章15节），每个圣徒都是贵重的宝贝。开始时，借着《信心》的信息栽培他们，使他们得到靠着神凡事都能的自信和信心。借着充满盼望的信息，有了得救和复活的确据，进而产生天国的盼望。并且使所有圣徒争战离弃罪恶，成为天国的公民，在盼望中过得胜的生活，哈利路亚！

借着《爱》的信息，以耶稣基督的心为心，过圣洁的生活。使圣徒成为属神人，在生活上结果子，成为蒙福的人，蒙神的带领，为神国度至死尽忠，兴起发光，积攒天上的奖赏，这是多大的祝福啊！

我浮现每一位圣徒的面容，再一次将感谢献给神，并献上祝福的祷告。长老、劝事、执事和所有的圣徒，从壮年到青年及至学生，所有的人都相信神是活着的，也都努力过信仰生活，这有多宝贵啊！

圣灵和恩惠充满，在爱里合而为一，我们的教会如初代教会一样，也像非拉铁非教会一样是得神称赞的教会。唯有按着神的话语生活，与罪争战直到流血的地步的圣徒，就算牧者有什么责备，也会感谢、信赖并顺服，这多么感谢神啊！

这一切若不是神带领又怎能成就呢？若不是神掌管每一只羊，又怎能成就呢？带领我们到今日的神也必定带领、掌管我们直到世界的末了，这怎不叫我们感谢呢！

不知不觉中，感谢的泪流过耳边，沾湿了枕巾，我的心则洋溢着满足的喜乐。过去的岁月，一一浮现，使我沉浸于无限的感怀之中。

二、昨日

一九七八年五月，神呼召我作主仆时，我已是三十六岁，且是三个孩子的父亲。我已记不得过去发生的事，在学校学的知识也全忘了。

想到自己的情况，不敢想像我能去神学院读书，更何况以后还要在许多人面前讲道，这根本是无法想像的事。所以没能很快顺服神，可是神预知我有顺服的心，勉励我，而最后我的确顺服了。

"你若能信，在信的人，凡事都能。"（参考马可福音九章23节）　因神知道我的情况和处境，所以训练我变成一个时常恳求的人，并将所有的事情完全交托给主的人。

"自己作王"的岁月

从我来到这世上，直到遇见主耶稣为止，过去所有的生活，都是在神掌管之下进行的，这怎能不叫我珍惜呢！

在"自己作王"的那段岁月里，因我不认识神也未曾相信神。我不知道自己从何处来？要往何处去？为什么要活着？没有活着的目的和价值。可能因为曾经有过那样的经历，所以更珍惜现在的生活。

在故乡成长的那段日子里，父亲培养我怀抱梦想，教导我礼仪规范，使我明白待人处世、行事为人的道理。这也可以说是托了顽固的汉学父亲严谨教导之福了。神透过父母亲的培养，使我了解为人应具备的基本原则。

透过中学的入学考试看到了人性的虚假，在堂哥家寄居读中学的岁月，也体验了人生的艰苦。本来活泼的个性变得越来越内向了，话也少了，就算有许多不便，因自尊心不求于人，甘愿忍受煎熬，也因此学会了忍耐。

在首尔读高中时，没有他人照顾，养成强烈的独立性，知道人生怎样往前迈进。然而，当我看到我所尊敬又爱戴的人的真正面貌后，体会到人生的虚空，也体验了人性的真实。

为了进大学，因准备复读而导致记忆力丧失症和自杀的冲动，到底是所为何来？连生命的目的和价值都不知道，还得活下来，套一句可悲的话："这真是不幸，悲剧啊！"本以为生命只此一遭，与其悲惨地活着不如死了算了；本以为死了一了百了，但神让我清楚明白生命并非掌握在我的手上，乃是有掌管我的那一位存在。

从此以后，生命中不断有奇迹发生，吞了二十颗安眠药也没死。曾经听说一口气喝下二瓶烈性威士忌就会立刻死亡，但我喝了五瓶也没死。如今回顾往事，深刻体会到，生命的一切都在神掌控之下。而那时，我却一无所知。

进入大学后，对学校生活并没有多少兴趣，结果因厌恶过于频繁的示威游行而入伍从军。当我开始军旅生活后，因交笔友认识了一位女性，因这位女子常来信，使我很享受军旅的生活。如此鱼雁往来颇为惬意，退伍后我们结了婚。虽然操之过急了些，但对第一次与女子交往的我来说，实在不知如何拿捏分寸。

宝贵的生命

我是个不太懂人情世故并带着稚气的人，想照着我的意思努力念书，努力实现梦想。我想，若按照我的计划去做，就能有男子汉的志气，编织着大大成功的梦想，若以我的智慧在世上打拼，必定可以出人头地。

有一天，拿着周密的计划书到父母亲面前，恳切地征求他们的意见。"爸爸妈妈，如果可以先得到我那一份财产的话，妻子就可以开美容院，我复学以后，还可以到美国留学。请您们看看这个！"我照数学公式把利息都算好了，向父母亲要求分财产有二十日之久，结果，我赢了！在回首尔的路途中，我沉浸于梦想之中……

此时，一件事正诱惑着我。在开美容院之前，我想放贷取利赚些钱，因为是我的姐姐，信得过她，就把钱全部借给她了。十二个月后，不但利息，连一文本钱也都拿不回来，太太挪用一点学费，因其浪费成性，结果连学费也泡汤了，甭说去美国留学了。当初父母亲拗不过我的强求，将钱给了我，现在对我的生活一概不予过问，也毫不关心。

一夜之间，我们一贫如洗！照我的想法和智慧，人生看起来是很容易，但现实是险恶、残酷的。得到预先分配的财产，却遭欺骗而一贫如洗，计划再好，却不见得能照着实行，我也从梦中逐渐清醒。

但最后我还有一个梦，我要一边上班一边读夜大，成为一名出色的上班族，也要建立一个和睦的家庭，成为好家长。"虽然我像别人一样平凡地生活，但若能克服一切的障碍，就可以活得有意义。"力图振作，心中充满幸福的感觉。

可是，上班不久就因饮酒过量而生病，最后也只好辞职了。耳朵听不到，身体也直冒冷汗，我还能做什么大事呢？我成了被社会弃绝的失业者，妻子的爱渐渐冷淡，来自父母和兄长的爱也消散了，岳母父更以"白痴女婿"、"骗子"来称呼我。

因为曾有的过去

现在回想起来，病痛与贫穷的悲惨的生活对我而言其实也是值得珍惜的。过去的岁月是既悲惨又贫穷，当时连医药费也没有，因此不敢安心就医，只好抱病在家。因为有过潦倒的日子，生命维系在以日计算的债务和高利贷中，因此对贫穷的人有怜悯之心，并乐意救济。我深深体会到人的爱是会改变的，因此更能体会一次就医好我所有疾病的神的爱，为此而感谢神。我也可以成为尽性、尽心、尽意爱神的人。

曾在病痛中挣扎，虚度了许久的时光，所以能深深体会患者的痛苦，也懂得爱惜所拥有的，成为比别人更加倍努力的人。正因为有过迷失生活的方向，不得不将自己交给流逝的岁月而生活的过去，我才能跟随那位是道路、真理、生命的主耶稣。

因为有靠自己的想法和计划而彻底失败的教训，所以我学会了将万事交托在完全的神手中，过得胜的生活。过去的生活就像井底之蛙，单单为了存留在世的生命，为了钱财、名誉和成就，绞尽脑汁，然而所得到的不是满足而是失望，不是喜悦而是悲伤，不是平安而是痛彻心扉的苦。

因有过这样的生活，所以当遇见活着的神，并体验神又大又深的爱时，怎能不使我视为至宝呢！

三、今日

慈爱的神曾数次敲我的心门，虽然如此，因我的无知、愚昧和顽固，直到遭遇失望、痛苦，狼狈不堪后才开启自己的心门。成为我的道路、真理和生命的主耶稣，透过渺小、卑微的姐姐来找我，拗不过姐姐的劝告而去了教会，主耶稣并没有轻视我，反而接待我，并给了我许多礼物。

"我告诉你们：一个罪人悔改，在天上也要这样为他欢喜，较比为九十九个不用悔改的义人欢喜更大。"（路加福音十五章7节）

唯有耶稣，永远耶稣

我的生命有了一百八十度的转变，获得更新。

"我当如何过新生活？在死亡的门前虚度了七年宝贵的岁月，要怎样弥补呢？"挥动着想像的翅膀，展开梦想，重新得力。我握紧拳头，心想："若能单单依靠神的爱生活，那还有什么可忧愁的呢！"因体验了活着神的能力，所以我的心也完全没有动摇。

"唯有耶稣，永远耶稣！"如同在大马士革的路上遇到耶稣的保罗一样，我也在遇到神时有了急速的变化。因为相信那位在死亡前赐人生命的神，所以将生活的一切都交托给神。当明白自己犯罪时，就马上将之丢弃，酒也戒了，围棋和花斗牌也戒了。生活中只有不断禁食、不断祷告、勤读圣经，谨守遵行，这些成为我的日课和享受。

引导我做体力活的神，培养我的耐心，恢复我的健康，也使我明白劳工的生活方式和想法，可以向他们作见证传福音。使我经营书店的神，让我在真理里面做生意，使我体验祂惊人的赐福。这是神为了训练我，借着经营店面累积我的智慧和经验，作为神的仆人，成为蒙神使用的器皿，以拯救更多的灵魂。

靠着神的爱争战，弃绝罪恶，使我得以照着祂的话语生活；为了使我可以向许多的灵魂传福音，祂赐我如火般炽热的爱；当以爱灵魂的心与信心祈求的时候，祂就彰显各样的能力。

为病人祷告，患者就能得到完全的医治。从医院领出因车祸而不省人事的二女儿，以信心借着禁食祷告和彻夜祷告将她交托给主。因为我相信全知全能的神，才会有这种勇气。我一点不疑惑，相信神一定会医治她，因此才放弃医院的治疗，神就动工使她快速并完全得着医治。

因这事，我们一家人受到许多逼迫。"那家人信耶稣信得好奇怪！""难道不能在医院接受治疗吗？"然而当他们看到神的能力后，就将荣耀归给神，最后成为信靠神的人了。哈利路亚！

患了恶性皮肤病的大女儿和因脑震荡而倒下的三女儿，全都以祷告得到完全的医治。我们一家人自从信了耶稣，连一次医院也没有去过。不用吃药，只借着神的能力得到医治，将荣耀归给神！

从我们家每天传出赞美和祷告的声音，震动了邻居，使许多灵魂得到福音。

"美英她们家，每天不知有什么令他们那么高兴的事？"

"听说信了耶稣就会那么喜乐了！"

我们家一向都很热闹，妻子喜欢接待客人，喜欢和人分享东西，她做菜的手艺也很棒。常和小组的成员聚在一起祷告、赞美、读经、彼此交接和分享"施与受"的爱，如此复兴了区域小组，小组成员多了五倍之多。并再一次体验爱与祷告是产生神迹的要素。

兴起发光

开拓教会以后，神迹奇事没有断过。虽然眼前看不到什么，但只要靠着信心仰望，神就照着信心成就。"你起初虽然微小，终久必甚发达。"（约伯记八章7节）"兴起，发光！因为你的光已经来到，耶和华的荣耀发现照耀你。看哪，黑暗遮盖大地，幽暗遮盖万民,耶和华却要显现照耀你，祂的荣耀要现在你身上。万国要来就你的光，君王要来就你发现的光辉。"（以赛亚书六十章1-3节）

开拓的成员只有九人，但神从东西南北、近处、远处赐给我们羊群并建立工人，也呼召主的仆人给我们。开拓之始，神就要我们为世界宣教祷告，并透过异象让我们看到乘飞机到国外举办盛会，行神迹奇事，让我们拥有更大的梦想。在不到二十平方米，连椅子都没有的小圣殿，要为世界宣教祷告，也许曾被信心不足的人嘲笑过也未可知。然而，每周都有新加入的圣徒，每个新加入的圣徒，信心也急速地成长。

教会开拓之初，我一边补助别的教会，一边做讨神喜悦的宣教事工之先驱。现在，我为所有羊群能成为合乎神用的工人祷告。很多主仆人也为拯救灵魂而奔走，为羊群能成为合乎主用的工人祷告。还有在全国各地建立支教会、支圣殿成就民族福音化，差派宣教士，建立海外支教会成就世界福音化。

还有比这更感恩的就是许多主仆人灵命成长，教会里许多的羊群奉献自己的才干为神的国所用。若他们在灵命上有更多的进步，得到能力，就能在短时间内成就世界福音化，这是何等感恩的事。

愿我们兴起发光，拯救无数灵魂并愿成就父旨意的神啊！愿我们代替主耶稣来见证祢的话语，并彰显比主耶稣在世所行更大的神迹！

为了得到神亲自阐明的话语，七年来不断禁食祷告、彻夜祷告，终于得到神的应允。难解的经文得到神亲自解释，其喜悦之情真是无法形容。创世记、出埃及记、利未记、约伯记、约翰福音、哥林多前后书、约翰一书、启示录等重要的部分已得到启示，其余的部分也在陆续得到启示中。单是有关天国的启示，用大笔记本记录就已达到一百页之多，现在已经出版成书了。就算属灵层次很深的人，大部分人最多也只能理解其中的一部分，所以看《天国》的时候，会经历圣灵充满的喜悦。

至今神仍掌管我，使我成为单凭祷告，用话语装备自己，并彰显神大能的人。虽然一一探访每位圣徒，在主内彼此交通火热的爱很好，但为了成就神的旨意，要节制自己并寻求他人的谅解。

虽然尽力、尽心、尽意忠诚，但因知道末日近了，每一天都是宝贵的，所以每时每刻都当珍惜，为了成就神的旨意，我始终都感到不足。于是神说："我所爱的仆人啊，你若以上好的粮喂养羊群，在末时他们就都能成为被选上的麦子。"

我惟愿在世上过圣洁的生活，并像主耶稣一样，为走向死亡的众灵魂得救而被神使用。

因我明白若呕心沥血致力于话语的装备，就能完全担负使命，得神的称赞，羊群也可蒙称赞，教会也必蒙称赞。因此我至今仍专注于祷告，在神的话语和能力上装备自己。透过这一切，无数的灵魂得救，将荣耀归给神。

自认识了主耶稣后，我的生命比从前更有意义和价值，且充满了喜悦和盼望。怎能不感谢神呢！

四、明日

"万世以前所拣选的仆人啊，你以三年的时间装备自己后，就要跋山涉水、渡海行各样神迹奇事。"

神未曾食言！照祂所说的话，在我以三年的时间装备话语后，就允许我召开第一次的复兴盛会。此后又透过许多复兴盛会，使我深深的体验到，在末时不容易找到真正有信心的人。

行神迹奇事

我明白了神为何在末时呼召我成为祂的仆人，并赐给我世界宣教的使命。那些说愿意传扬神话语的主仆中，有多少是真正按着神话语生活，唯独为神的旨意愿蒙神使用呢？

感谢神呼召了我这个微不足道的人。所以，我不得不以祷告、禁食和彻夜祷告来抓住主。因为我经历神无数的大能，并对神有百分之百的信心。我已上了年纪，记忆力不好，读神学院，若无神的同在，就无法念下去，也没办法担当主仆人的使命。

因此我的祷告也就格外恳切，献上诚挚的恳求，神也热切的回应我。不是靠我的记忆力去记，而是圣灵在我心里告诉我、教导我，我就原原本本地将神的意思刻在心里，若不是这样，我会很快地忘记，很多往事如同得失忆症般地遗忘，唯有真理的话语刻在我心里。因此，我很清楚这是圣灵的感动，而不是出于人的想法。

我比任何人都清楚圣灵的感动，神的能力与我同在并赐下启示。透过启示的话语装备可以说是完成了，现在只剩下向万民发福音之光的事工了。

误导神话语的人、不能明确理解神话语的人、不能分辨神的旨意而彷徨的人、不知道神的旨意而行不出来的人、只有死的信心的人……这些像稗子的人何其多啊！说是信神，实际上却是个不信的人，最后只能去地狱！

"祂手里拿着簸箕，要扬净祂的场，把麦子收在仓里，把糠用不灭的火烧尽了。"（马太福音三章12节）

人若真知道地狱的景况，就知道那是多么可怕的地方了。

然而，神慈爱而忍耐，等候到底。祂赐给不足的我，有权柄能改变稗子的话语——十字架的旨意。如同前面曾稍稍提过的，并不是一味叫人信耶稣，而是详尽解释为什么信耶稣就能得救，从而使人们有得救的信心，因而改变成麦子。

神告诉我主再临的事，告诉我时间已非常紧迫了。还启示我被提的事，天国的住处、奖赏和冠冕等。

因知道将来能得荣耀，所以更努力担负神所托付的使命，决定为拯救无数的灵魂燃烧自己。主耶稣的门徒不也为宣教而受迫害，被丢到油锅的吗！不也有被刀杀，被倒钉在十字架上的吗！他们是如何做到的呢？他们只充满感谢、赞美和喜乐！只要能扩张神的国，使走向死亡的灵魂得救，又有什么不能做的呢！

宝贵的生命

我的三个使命

我的第一个使命是世界宣教。为担当世界宣教的使命我再次立志：照神的带领，透过国内宣教、世界宣教，拯救无数的灵魂；愿我的国家和民族能视世界宣教为首务。世界宣教一事，想起来就令人兴奋。"就要跋山涉水、渡海行神迹奇事"，通过广播、书籍成就世界福音化，至今我仍相信盼望，不断为此祷告。成就的是耶和华，当我成为讨神喜悦的人，心里所想的就能得到。

我的第二个使命就是使人变成麦子的事工。神借着我引导愿意成为麦子的灵魂，引导他们得到有行为的信心，以真的信心照着神的话语生活，并胜任各自的使命。

我刚信主的时候，没有人教导我如何祷告，也没有人让我明白十字架的道理和信仰生活的捷径。为了知道这条捷径，以长时间祷告，探索如何过信仰生活。因此，当我教导羊群时，就以神的话语详细地教导他们。

"祷告时要跪下，以诚心专心呼求才可以。"

"祷告的顺序是悔改祷告、击退仇敌魔鬼撒但的祷告、感谢祷告及为所求所想的祷告。要始终先求神的国、神的义，再为自己的问题祷告，如此就必蒙丰富的应允。"

"你所求的，要信是得着的，就必得着。"

只是教导祷告这一件事上，我都很详细的一一地告诉、帮助如何做，使圣徒可以照神的话语行出来。

因为神的话语活泼有力，可以改变人心，使稗子成为麦子，所以我将重心放在将稗子变成麦子的事工上。我愿成为收获最多麦子的工人，虽然被呼召成为主仆人不久，但我愿在收获麦子上为首。

我的第三个使命是带领教会和圣徒，成为结果子的麦子和准备好的新妇。所谓麦子就是借水和圣灵重生的人，照着神的话语生活就能成就。

起初圣徒虽然很想照神的话语生活，却常无法行出来，但是若愿照着神的话语生活，并努力为能行出来而祷告时，能力就会显现出来。随之，就能结出光明的果子、义的果子和圣灵的果子。神的爱临到，就能成为真理充满的人，成为圣灵充满祷告的人，成为迎接主耶稣再临的人。

"所以，你们要警醒，因为那日子、那时辰，你们不知道。"（参考马太福音二十五章13节）

聪明的五个童女拿着灯，又预备油在器皿里。愚拙的五个童女拿着灯，却没有油。结果就无法迎接新郎了。"灯油"是指圣灵的充满和祷告。我们只有常被圣灵充满，才能胜过魔鬼撒但的势力，过得胜的信仰生活。为此不要在灵里沉睡，而要常常警醒祷告。我们不要作愚拙的人，因仰望世界而不得迎接新郎主耶稣，而要常常警醒祷告，被圣灵充满，爱慕主的再来，成为智慧的主的新妇。

当天使长的声音和神的号筒吹响，主亲自从天降临时，我们要成为起来迎接的人。首先起来的是在基督里已睡了的人，其次是我们这些还活着的人，与他们一同，像云彩般被提到空中迎接主，举行庄严的结婚仪式，所以我们要准备好迎接新郎。

不警醒的人，主就像盗贼一样来临；而面对警醒的人来说，主的来临却是欢喜的时刻。我们都要成为麦子，结好的果子，成为世上的光和盐，以喜乐赞美的心，来迎接新郎主耶稣。

只要一想到主自空中再临就雀跃万分，这是多么令人高兴的事呀！放下世上一切重担，迎接永远的新郎主耶稣，这是多么美好啊！完成世界宣教，能与众多改变成麦子的灵魂们活着被提，更是极大的福分！

五、感谢一切

"神非人，必不致说谎；也非人子，必不致后悔。他说话岂不照着行呢？他发言岂不要成就呢？"（民数记二十三章19节）

神赐我无限的福分，我岂能不感谢神呢！

"我还告诉你：你是彼得，我要把我的教会建造在这盘石上，阴间的权柄不能胜过他（注："权柄"原文作"门"）。我要把天国的钥匙给你，凡你在地上所捆绑的，在天上也要捆绑；凡你在地上所释放的，在天上也要释放。"（马太福音十六章18-19节）

说此话的天父啊！在万世以前拣选了一无可取又卑贱的我，在主再临的末时，使我来到世上，显神迹奇事使我体验神的大能，一次就赐给我这么大的信心，父啊，感谢您！

原本愚拙的我怎能测透主深奥的旨意，明白神所行的事呢？天父啊！祢赐给我信心，应允我的祈求，在试炼、患难中赐我胜利，引导我的路。拣选我成为主仆人，赐我能力，成就您大而又大的旨意，父啊，感谢您！赐我世界宣教的大目标和许多羊群，使他们成为麦子，想到这些我不知不觉因神的爱而落泪。

姐姐想尽办法传福音给我，她是我的恩人，因她的带领，使我得到真的生命。弟弟愚拙至极，不认识真神又自以为有智慧，并且轻视她，姐姐只能单单仰望神。若不是二姐流泪禁食，通宵为我的灵魂和疾病得医治祷告，又怎会有现在的我呢？

"只要寻求神,弟弟的病就会得医治,也可以遇见神!"若不是她这样用信心祷告,怎会有如此惊人的奇迹发生呢?

天上的父啊,我的福杯满溢。若没有姐姐的传道,我不知道现在会在哪里?做什么?想起来就令人悚然。若不知道神的爱,不相信主耶稣,我只有到地狱的结局!姐姐如同服侍主耶稣般,直到现在二姐仍然不停地为我祷告,感激之情,岂能述说呢?在此,我再一次感谢传福音给我的二姐。

不但如此,我也感谢我的父母、兄长、亲戚和邻居们。他们都是在精神和物质上帮助过我的人。父母生我、育我,秉承相同血脉而生的兄长与我分享爱。亲戚们在我没有吃的时候,给我吃;没有穿的时候,供我穿;没有住的地方,提供住处。邻居知道我的苦处而为我解决,朋友为我找工作,帮助我过新的生活,我感谢他们。因为有他们,我才明白神的旨意;因为有他们,我才明白神的爱。也感谢在我认识神得到改变的时候,劝勉并引导我的李永勋牧师和属灵的家人,感谢神学院的教授们,一起念书的同班同学和先后期同学们。

我不能不感谢那位与我一同分担悲伤、痛苦,热心帮助我,我所宝贵的人——她就是离开师母的位子,成为万民祷告院院长,昼夜向神呼求的李福临院长。

若说妻子的幸福维系在丈夫身上,她却在芳华正茂时,为了照顾生病的丈夫,度过七年辛苦的岁月。白天开店,还要兼负做家长的责任,她心里的痛苦有多大呀?然而认识了主耶稣后,在艰苦中她仍然喜乐。不管患难有多大，仍然感谢并恳切地祷告。

若没有这样的牺牲做后盾，我怎能成为主的仆人，怎能好好的念书呢！唯有相信全知全能的神，妻子才能用信心帮助我，她也是为我付出极多祷告代价的人之一。我真的能体会并感谢她那段日子所付出的一切辛劳、忍耐和祷告。

有时望着一同开拓的圣徒们，心中无限的感谢，也格外感受到他们的爱，尽管有时也难免指责他们。他们都是顺服神旨意的人，使万民中央教会得以建立的宝贵的人。

如同神将亚伦和户珥赐给摩西一样，神也赐予我同工。当大家同心合意献上诚恳的祷告，神立刻赐下极大的应允。神荣耀的同在，使许多灵魂得救，并使教会有惊人的复兴，这是因万民中央教会有如磐石般的根基啊！

赐我许多羊群的神，以启示的话语装备我，并为了使万民中央教会成为灵魂可以安息的大器皿，神赐给许多祷告祭物。

神拣选那些愿用身心灵竭力祷告的人，他们在神面前献上自己当作活祭，为神的国和义同心合意的祷告。早上十点钟，大家聚集在祷告院为身心灵魂有病的人祷告，午餐后另有祷告会。献身于祷告的圣徒，经历与神相遇的极大的喜乐，因着神的爱，愿一无所求专心在祷告上，成为基督的精兵。在此，我也向为了拯救灵魂和盼望天国奖赏，忠心献身于祷告的圣徒表示感谢。

牧者再怎么样认真努力，若羊群不顺服，神的工就无法兴起。神赐给万民中央教会许多羊群，照着祂的旨意呼召到万民中央教

宝贵的生命

会,并借着试炼逐渐使羊群转变,成为完全属神的人。

长老、劝事、执事和圣徒同心合意极力爱神,并为了按神的话语生活,抵挡罪恶到流血的地步。因相信全知全能的神,所以顺服牧者至死忠心。

在这世代中很难找到这样有信心的人,凭信心生活的圣徒,因着有盼望而喜乐,并彼此相爱,谢谢你们。我也向作为义工,每天做两个小时以上祷告的忠心圣徒们表示感谢。

最后我也感谢主仆人。以"怎样才能收获更多的麦子?"的心,唯独以祷告和忠心察看羊群的同工,在我的手达不到,脚踏不到,眼看不到的地方热心担当神使命的所有主仆,感谢你们。

我们都拥有天国的盼望,有相同的目标,日日努力向前迈进。让我们一起走向现在虽然模糊,但日后必会清楚明了的我们未来美好的家乡,在那里蒙神更大的爱!

7

我所爱的人啊！

我所爱的人啊!

一、将所有的荣耀……

我们迁移圣殿之后,第一次举行彻夜礼拜的那一天,正是举行送旧迎新礼拜的一九八五年一月一日凌晨时分。所有的圣徒正迎接新年,在圣殿迁移的感恩中格外高兴。

一九八二年七月开拓教会以后,神赐给惊人的复兴,25坪的圣殿里甚至到了都没位子可坐的程度,接着,神又赐给我们200坪的更宽敞的圣殿,我们的感恩怎不盈溢呢!

对我们来说,圣殿的迁移好似摩西指挥以色列人,离开埃及直到进入迦南美地,所经历的四十年旷野生活一样,因此更使我们万分感激。

引领迁移圣殿的神

因圣徒的人数突然爆增，我们为一百平米以上圣殿祷告，神就供应场地。宽敞倒是很宽敞，但就是太老旧了。我们正打算签约时，地却被卖了，新房东打算拆掉旧屋，建新的大楼。我们不得已只好另寻他途，一九八四年的大方洞附近并没有一百平米以上的建筑物。当我们聚在一起恳切祷告的时候，发现了一处可以加盖的地方，并经房东的允许开始改建，但加盖的建筑物因不合规定，而被拆除了。

于是在圣徒中产生了少许的埋怨之声，这是因有人质疑以云柱、火柱带领的神，为何会有先加建而后又遭拆除的结果，因而埋怨。

于是我向神恳切地祷告："万事都互相效力，叫爱神的人得益处的神，我相信在这件事上也有神的美意。我感谢您！但圣徒中有些微小的埋怨，他们因不明白为什么会经历这样的事而埋怨。我诚心地盼望神清楚告诉仆人您的旨意，使圣徒们不致埋怨，反而更感谢神，成为更有信心跟随主的人。求您使我们迁移到更宽敞的圣殿，拯救更多的灵魂，使我们可以成就世界宣教的使命。"

神听了我恳切的祷告，清楚告诉我们祂的旨意并引领我们的路。于是我将神的旨意告诉了大家：

"亲爱的兄弟姊妹们！经上记着说：'信就是所望之事的实底，是未见之事的确据。'（希伯来书十一章1节）又说：'你们落在

我所爱的人啊！

百般试炼中，都要以为大喜乐；因为知道你们的信心经过试验，就生忍耐。但忍耐也当成功，使你们成全完备，毫无缺欠。'（雅各书一章2-4节）

诸位，你们遇到试炼时喜乐了吗？经上说：'要常常喜乐，不住地祷告，凡事谢恩，因为这是神在基督耶稣里向你们所定的旨意。'（帖撒罗尼迦前书五章16-18节）诸位有照神的旨意生活吗？神借着信心的试验要使我们成就完全的忍耐。

以色列人在旷野的生活中，经历了惊人的神迹，但因现实的生活有所不便而埋怨神，这是因为他们未能明白，神要带领他们进入流奶与蜜的迦南美地。我们是否也是如此？神会将如迦南地一样美的圣殿赐给我们。

让我们一起单单以忍耐、感谢和喜乐，胜过信心的试验，并进入迦南美地！"

所有圣徒一同忍耐，就像已看到了迦南美地般顺服。因此，许多圣徒，如在一线的建筑委员长等人，在经历数个月的信心试验后，信心都增长了。

神如何为我们预备了迦南美地呢？接着发生了奇妙的事……

神赐给我们的地方，就是那要兴建大楼的地方。后来却盖起壮丽而宽敞的圣殿让我们进驻。哈利路亚！

从埃及到迦南的路程仅仅需要三天，以色列人却花了四十年。我们在过了一段旷野的生活，最后还是进入了第一次未能进入的地方。神借着这样的过程，使同工们和所有圣徒的信心更加坚固。实现了神借牧者所说的话，使大家更加相信牧者而跟随牧者。这样，使大家深深地经历了那位万事都互相效力，叫爱神的人得益处的神，实在没有比这更值得感谢神的事了。

因此圣殿迁移感恩礼拜，便成了我们体验神博大恩惠、爱和能力的感恩庆典了。整个圣殿都洋溢着喜悦。

我所爱的仆人，我所喜悦的仆人啊！

作为神的仆人，不但想得到神的爱，更想成为神喜悦的仆人。

开拓的时期，我们在无数的逼迫中得胜，教会得以开拓并使许多灵魂得救。所有的羊群顺服牧者的带领，透过圣殿搬迁使我们清楚明白神的旨意，圣殿成了宽敞的救赎方舟，将来必可使更多灵魂得救！

神期盼我成为像主耶稣那样单单传扬天国福音，教导、医治一切有疾病和软弱的人，成就神的旨意。因神肯定我，所以更坚定了我的志向——成为让神更喜悦的人。

我很喜欢箴言八章17节的话语："爱我的，我也爱他；恳切寻求我的，必寻得见。"我爱神，爱神的人谨守遵行神的诫命，因此，我努力按神的话语生活。结果，蒙得神极大的祝福与爱。

我也喜爱希伯来书十一章，尤其是十一章6节的话语。"人非有信，就不能得神的喜悦；因为到神面前来的人必须信有神，且信祂赏赐那寻求祂的人。"因我相信全知全能的神，因此我不依赖人，单单借着祷告将一切的事都交托给神，我相信天国，也相信神照各人所行的赏赐各人，因此我一生只做神的事工。

我们都爱神，并盼望成为谨守遵行神话语而蒙神爱的人。我们应当相信神是存在的，并相信祂赏赐那寻求祂的人，因此我也恳切盼望大家要常常祷告，热心担当使命，盼望天国的奖赏，在盼望中生活。

将这所有的荣耀归给神

我将感谢和荣耀归给掌管这一切直到现在的神。我被神肯定是因所结的果子，这果子不只是我，也是主借着万民中央教会以及所属的一切人，他们更值得我珍惜。

因自神那里得到太大的爱，为了使羊群也能得到这样的恩典，我热切地教导他们，他们也很认真并顺服，为了结出美丽的果子而努力前进。

圣徒看到、听到因煤炭瓦斯中毒，濒临死亡的三个女儿和一青年，经过我一次的按手祷告就活过来的事，所以照着神的话完全相信"在信的人，凡事都能"。因此许多人也接受祷告，并得到医治，归荣耀给神。

记得在某一个主日的晚上，有位做完下午礼拜回家的劝事和一位出租车司机，抱着四肢下垂的小女孩急忙来找我。我问了事情的原委：原来劝事回家到了公寓入口处，正过马路时，从对面驶来一部出租车，因闪避不及，撞上了五岁的女儿。被撞得弹出去的小女孩掉在七、八公尺以外的地上，当场失去了知觉。突遭变故被吓坏了的劝事，急忙向正驶往医院的司机说："将车开到位于大方洞的万民中央教会。"

"将已失去知觉的孩子带到教会，可能途中就会死掉，这样不行啊！"

"到教会牧师按手祷告就会活过来。"

……

"请快点开到大方洞！"

"若你坚持这样的话，我就无法负责任了。"

司机因劝事的坚持，只好开车到教会了。到了教会，司机陷在极端恐慌中，但这位女劝事则靠着信心得胜，我看到劝事的信心就恳切地祷告。

"将死人救活的父神啊！在信的人凡事都能的父啊！求祢在这个时候垂听仆人的恳求，悦纳劝事的信心，救活这年幼的女儿，并透过这女儿得荣耀。"

在恳切的祷告当中，冰冷的躯体开始恢复了生气，安抚了司机后，请他将小孩子带到医院去看看。接受祷告后，去医院的途中，小孩睁开眼睛恢复了意识，X光片上也没有任何异状。所有的圣徒再次将荣耀归给神，并得到确信：只要向神显出信心，死人也可救活。神透过我，彰显惊人的神迹，为看到、听到的人栽种信心，使大家都得以照神的话语生活。这怎能叫我不将荣耀归给神呢！

神还建立了我们的万民祷告院，借着祷告医治灵魂与肉体上

我所爱的人啊！

有病的人，并使大家昼夜不停地为神的国和神的义祷告，为此也将荣耀归给神。

我们教会的儿童主日学、初中部、高中部和大学宣教会等团契，为校园福音化和家庭福音化而努力；青年宣教会、迦南宣教会（大学毕业的未婚男女），则以职场福音化和世界宣教为目标，努力开发自己的潜能，致力于拯救灵魂的事工，将荣耀归给神；因从事销售行业和餐饮行业，主日上班的光盐宣教会，在首尔市各大百货店和餐饮行业中形成组织网络，正逐渐向全国各地扩大其规模；男女壮年宣教会则在家庭和职场上，作为神国里宝贵的支柱，在教会忠心、侍奉、为福音化身先士卒，使圣徒成为神的工人。将无上的荣耀，归于成就这一切的神。并再次将一切荣耀献给引导这一切，帮助我看顾、带领羊群、单单以爱灵魂的心为拯救灵魂身先士卒的主仆，成就世界宣教远大理想的神。

"儿童开始，学生、青年、壮年到主的仆人们，大家一条心，单单照神的旨意生活，并使大家努力完成使命的神啊！愿将无限的感谢和荣耀皆归给您。求主时时刻刻借着我们大家归荣耀给您，直到主再来的日子。"

二、照祂的旨意

因顺服那位视一个灵魂比天下都宝贵的天父的旨意，使许多灵魂得蒙拯救，成为工人，将一切感谢和荣耀都归给父。

有一天，神将话语启示给我，明确地告诉我在天国的奖赏。我既惊奇又惶恐，比起我所做的事工，我的奖赏太大了，令我不知如何感谢神才好，感恩的泪不由自主地流下来。

唯独照着神的旨意

神让我唯独照着祂的旨意，单单定睛在天国的盼望和永恒的奖赏，为将要来临的荣耀，忍受所有的苦难，去拯救无数的灵魂。慈祥又充满爱的神，同样也将此事清楚地告诉一些领受圣灵感动的圣徒。"牧师！我们在天国有看到你哦。你戴着冠冕，穿着像长袍般长长的衣服与我们圣徒在一起，牧师显得特别光亮美丽。"因为知道了自己在天国的奖赏，所以我在神面前祷告，以更谨慎的态度，过合神心意的生活。

"爱父母过于爱我的，不配作我的门徒；爱儿女过于爱我的，不配作我的门徒；不背着他的十字架跟从我的，也不配作我的门徒。得着生命的，将要失丧生命；为我失丧生命的，将要得着生命。"（马太福音十章37-39节）

"'我们已经撇下所有的跟从你，将来我们要得什么呢？'耶稣说：'我实在告诉你们：你们这跟从我的人，到复兴的时候，人子坐在祂荣耀的宝座上，你们也要坐在十二个座上，审判以色列十二个支派。凡为我的名撇下房屋或是弟兄、姐妹、父亲、母亲、儿女、田地的，必要得着百倍，并且承受永生。'"（马太福音十九章27-29节）

"凡遵行我天父旨意的人，就是我的弟兄、姐妹和母亲了。"（马太福音十二章50节）

神愿意我们爱祂，照祂旨意而行，将荣耀归给祂，拯救许多的灵魂，并得到天国的奖赏。

我们本来是只有一死的人，借着十字架上宝血的大能得到救赎，我们这些蒙恩的人，回报神是理所当然的；作为神的儿女，我们当照祂的旨意生活，这是神所乐意的。

那么，祂的旨意是什么？

人若撒种在田里，秋天就要收获，同样神在这地上也耕作人。一日如千年，千年如一日般等待的神，以六天的时间创造了天地万物，于第七天歇了工。神以六千年的时间在地上耕作人类，并使信的人有千年的休息，通过白色大宝座的审判，将麦子收入天国，将稗子丢入地狱，义人在父的国度里如太阳般灿烂，恶人则丢入火湖里（参考马太福音十三章42、50节）。

神为何以六千年的时间来耕作人类呢？

神创造人的时候，人照着神的旨意顺服，在伊甸园里度过了无数的岁月。因此，人的历史是很悠久的。然而亚当、夏娃不顺服神的命令，被赶出伊甸园，从而灵死掉了，只剩下魂活在世上，无法照着神的旨意生活，只能照自己的意思活了。自从亚当被逐出伊甸园之后，地上充满了罪恶。神看到人心里所想的、所计划的尽都是恶，除了当代的义人、完全人挪亚及其家族以外，神将所有人全灭绝了。

其后亚伯拉罕出生，又透过雅各的十二个儿子建立了以色列，借着先知传达神的旨意，直到耶稣降生的日子，神继续耕作人类。神透过律法让人明白罪与神的审判。自亚当被逐出伊甸园到这地球，至耶稣的降生，总共是四千年。

按着神预定的旨意，耶稣来到世上，使人因信得以称义。自主耶稣来到世上直到今日有两千年的历史。经上说"你们为什么站着望天呢？这离开你们被接升天的耶稣，你们见他怎样往天上去，他还要怎样来。"（参考使徒行传一章11节）因此我们要为迎接主的再临做好准备。

神有神性也有人性，祂愿意拥有可施予爱、也能接受爱的真儿女，这即是祂的心意。我们应该牢记在心，神透过六千年对人类的栽培、等待，千年如一日，为的是获得如麦子般的真儿女。

若要成为真儿女

那么，什么样的人是麦子？神的真儿女该如何照着祂的旨意行呢？

第一、要靠火热的祷告和禁食脱去罪恶成为圣洁，变成属灵的人。神愿自己的儿女们除净一切罪恶，全然成圣，灵和魂和身子得蒙保守，在主耶稣基督降临的时候完全无可指摘（帖撒罗尼迦前书五章22-23节）。

人以灵、魂、肉构成。自从亚当悖逆之后，主宰人的灵死了，魂取代了灵的地位。因此我们要领受圣灵，并通过火热的祷告和禁食，领受上头来的能力。

人接受耶稣基督为个人的救主，就能领受所赐的圣灵，随之死灵得以复活。我们的灵愿意追求合乎圣灵的心意，照着神的旨意生活；我们的魂则追求肉体的满足，任意生活。

因此，只有靠火热的祷告和禁食才能离弃肉体的情欲，随从圣灵遵行神的旨意，离弃一切罪恶。这样行的人必然结出圣灵的果子，成就属灵的爱，能够与神灵里深交，分享爱。

第二、要热心担当使命，成为积累奖赏在天上的人。

神借我们成就神的国，而我们则是神的工人，作为工人要好好担负使命，不管在家庭、职场，还是教会，我们要热心担当神交付的使命，成为积累奖赏在天上的人。

第三、成为使神喜悦、荣耀神的人。

哥林多前书十章31节说："所以你们或吃或喝，无论作什么，都要为荣耀神而行。"神愿意透过我们得荣耀。神愿我们成为世上的光、世上的盐。光为照亮黑暗，盐为调和味道。使人因看到我们的行为相信神，不只这样，祂愿我们在世上成为落在地里死了的麦子，结出许多的子粒来。

神也愿我们凡事兴盛、身体健壮，如同灵魂兴盛一样，凡事亨通，作首不作尾，并将荣耀归给神。

丢弃自己的思想

上述种种，总而言之就是照神的旨意生活。若要成为照神旨意生活的人，首先要将自己的思想，即促使人随从情欲而行的肉体的意念去掉。或许有人会讶异肉体的意念怎能去掉？其实很简单。我就是单单靠着神的话语，照着真理活到现在，主耶稣也是如此，使徒保罗也是。因此凡信的人，都能照真理生活。

那么，我们要怎样才能去除自己的思想呢？

"将各样的计谋，各样拦阻人认识神的那些自高之事，一概攻破了，又将人所有的心意夺回，使他都顺服基督"（哥林多后书十章5节）。等我们完全顺服的时候，我们的肉体的意念就得以攻破，变成属灵的人了。也就是说：一切都当照神的话语而行，若有与真理相违背的，不管是何种智慧、知识或经验，都要舍弃，要追求真理，唯独照着真理而行才可以。如此以真理的话语装备自己，照着真理而行，就能清楚听到圣灵的声音了。

不管遭遇什么困难，都不靠自己的经验、知识或思想，不用头脑的决定行事，而是心里接受真理的话语，靠圣灵的感动去做。

如此随从圣灵的声音去行时，活着的就不再是我，而是神活

我所爱的人啊！

在我里面了。这就是所谓变成属灵的人，照神的旨意而行。

主耶稣被钉在十字架上而死，一切按父的旨意行。祂本无罪，但为了得到无数的真儿女，而按神的旨意被钉在十字架上。

"阿爸，父啊！在你凡事都能，求你将这杯撤去。然而不要从我的意思，只要从你的意思。"（马可福音十四章36节）使徒保罗被鞭打五次，每次四十，减去一下；被棍打了三次，被石头打了一次，遇着船坏三次，一昼一夜在深海里，在传道旅行中遇到无数的危险（参考哥林多后书十一章24-28节）。这一切只是为了在外邦人、君王和以色列子孙面前传道。作为神的仆人，他尽全力完成自己的使命，他如此行，全是为了按神的旨意生活。

现在的苦楚若比起将来要显与我们的荣耀，就不足介意了

"我想，现在的苦楚若比起将来要显于我们的荣耀，就不足介意了。"（参考罗马书八章18节）

主耶稣荣耀的坐在神宝座的右边，使徒保罗得了公义冠冕的荣耀，让我们也仰望将来的奖赏且归荣耀给神！

神也告诉了我将来的奖赏，使我努力地在世作工。因我有神国的盼望，恶事禁戒不做，单单过圣洁的生活，并为了担当世界宣教的使命，努力装备自己。我跋山涉水、渡海，所去之处皆有神迹奇事随着，拯救无数走向死亡的灵魂，将稗子改变成麦子，并将荣耀归给神。

我们不要作只叫着"主啊，主啊！"的人，我们要成为按神旨

意而行的人，进入永远而美丽的天国。既然如此，我恳切地嘱咐大家都能离弃所有的罪，过圣洁的生活，衷心地担当自己的使命，将一切荣耀归给独一的真神。

因为我愿像主耶稣一样单单按神的旨意生活，所以为了谨守遵行神的话语，去除了自己的意思，爱神更胜于爱妻子、女儿及财产。因此神使我成为神衷心的仆人，成就世界福音化，还仔细地告诉了我将来在天国的住处和奖赏。

想到不久后，即可完成神所托付带领羊群的使命，进入天国过永远的生活，心里就雀跃不已。

我所爱的人啊!

三、在永远无尽的世界里……

如使徒约翰在拔摩岛与神交通领受启示一样，我也得到从神来的话语。我曾到过一个地方，那地方前面有清澈见底的河水悠悠地流着；后面则是树丛茂密的山林，辽阔的草原长着各式各样的植物。因为那里人烟稀少，因此保有大自然的原貌。我乘舟渡河游玩，清爽的风轻拂我的脸庞，飞翔在蔚蓝天空的鸟儿好似向我打招呼般地欢迎我，地上的泥土好像轻柔的细沙，河边的石子也是那么美丽，真是个好地方。

有好长一段时间，神让我在那里读祂的话语，专注地祷告。由于交通不便，因此每当我去那里的时候，常感光阴似箭，那里有首尔无法感受到的清新，常使我联想到天国的美景。

得到天国的启示

一九八四年五月，我生日的前几天，周五我必须下山主持彻夜礼拜并准备主日礼拜，但神拦阻我下山，反叫我禁食，神说要清楚地将天国的事告诉我。

经过无数的祷告，天门开了，神开始赐给我惊人的启示，从周一开始持续有一周之久。当时的喜乐，无法一一描述，这使我再一次因神惊人的爱，将感谢和荣耀归给神。

与其为生日享受世上的乐趣，不如禁食祷告，得着自神而来的礼物，对我和神的国来说，是更有益和喜悦的事。

死前见真光

神赐给我许多有关天国比喻的解释。

"天国好比将好种撒在好土上的人一样"、"天国好比撒在海里，聚拢各种水族的网一样"等比喻，是说在世界的末了，天使来将义人带到天国，恶人投入地狱里。

在这个世上连一个义人也没有，但只要我们相信那成为我们的道路、真理、生命的耶稣基督，就能称义，就可居住在光明之中、永远喜乐和平安的地方。但是那不信耶稣基督的恶人就要在地狱里。在那里有不死的虫与永远的刑罚，他们要永远拘禁在那里。

通过白色大宝座审判，信的人复活得生命，就是永生，不信的人复活受刑罚，即灭亡。耕作人类六千年再加上千年王国共七千年的历史结束以后，将进入永远的世界。

有许多住处的天国

"你们心里不要忧愁，你们信神，也当信我。在我父的家里有许多住处；若是没有，我就早已告诉你们了。我去原是为你们预备地方去。我若去为你们预备了地方，就必再来接你们到我那里去；我在哪里，叫你们也在哪里。"（约翰福音十四章1-3节）

既然知道生在这世上并不是按我们的意思，就知道必有一位叫我们出生的。我们若按祂的旨意生活，就必照祂旨意而行，必能得到一处永远居住的地方。

若栽种信心，种什么，就得什么，公义的神必以天国为报，若不信必以地狱为报。依照顺服神旨意生活程度的不同，而有不同的等级，而居住的地方和奖赏也不同。按神旨意行的人和未如此行的人，所得的奖赏当然是不同的！

我们透过圣经可以知道，天国有许多的住处，哥林多后书十二章2-4节上有"第三层天"，申命记十章14节上有"天和天上的天"，诗篇一百四十八篇4节则说"天上的天"，列王纪上八章27节及尼希米记九章6节上也记载着"天和天上的天"，可知经上清楚记载着天不只一个，是数个。

人若精读圣经就能明白神的心意，若努力，神就透过圣灵赐给悟性。因此若依情况分类叙述，则天国可分为乐园、第一层天国、第二层天国、第三层天国和新耶路撒冷。如同天国有许多不同的住处，信心也有不同的程度，随着程度的不同而有不同的阶段。

罗马书十二章3节说："我凭着所赐我的恩，对你们各人说：不要看自己过于所当看的，要照着神所分给各人信心的大小，看得合乎中道。"

假若信心没有程度的差异，就不需要先拥有信心，也不必为了拥有更大的信心而努力了。

主耶稣说："你们还没有信心吗？"（马可福音四章40节）又责备说："你们这小信的人哪。"（马太福音八章26节）主耶稣称赞百夫长的信心说："这么大的信心，就是在以色列中，我也没有遇见过。"（马太福音八章10节）这些都可作我们的参考。因此我明白了信心有程度的不同，天国的住处也有所不同，由于不同程度的信心，在天国的住处也随之不同。

让我们从最小的信心开始探究，他们在天国的住处所得的冠冕和奖赏。

当主耶稣被钉在十字架上时，在旁悔改的强盗，他只是接受主耶稣而已，他并未抵挡、离弃罪恶，也不是按神话语生活的人。虽然因无行为而没有奖赏，但他悔改接受主耶稣，因此得以在乐园居住。

接下来信心的阶段，是在得救后，听了神的话语，想要照神的话语生活却行不出来的人，要住在第一层天国。因为努力与罪相争，离弃罪，所以他们所得的是不能坏的冠冕。（参考哥林多前书九章25-27节）

接下来信心的阶段，是为了按神的话语而行，与罪恶争战而离弃罪恶的人，并照着神的话语生活，将荣耀归给神，这种人要住在第二层天国，可以得着永不衰残的荣耀冠冕（参考彼得前书五章4节）。

再接下来信心的阶段，是完全照神的话语生活，以爱神为至上的人。至死忠心，就住在第三层天国，得生命的冠冕（参考雅各书一章12节；启示录二章10节）。

最后信心的阶段，是不但完全地爱神，而且拥有得神喜悦的信心，就能到达新耶路撒冷。因为这些人是圣洁的，又好好担当了神所赋予的使命，就可得公义的冠冕（参考提摩太后书四章8节）

或金冠冕。（启示录四章4节）

我们明白了在天国因信心的不同，奖赏会不同，所住的地方也会不同，所以要思想"如何才能照着祂的心意过圣洁的生活，好好地担当使命，将荣耀归给神"，并立志努力进天国。

天国是什么样子呢？

生命水自神的宝座流出，经过第三层天国、第二层天国、第一层天国和乐园，再流回神的宝座，如此循环。

我们可以想像在如水晶般清澈、毫无瑕疵而清净的生命河边游玩的情景。岸边铺上灿烂辉煌又柔软的金沙、银沙，美丽又壮观。水的味道是世上的水无法比的，温润爽口。所有的东西都是以各样的宝石和精金做成，一点如灰尘等肮脏的东西也没有，也无盗窃或罪恶的存在，马路也是以精金造成。神所造的一切有多美好啊！

山川草木动物全都既美丽又井然有序。走在花径上可以和花交谈，可以坐在花上面，也可以与动物交谈，生命树上每个月都会结不同种类的果实，共有十二种，味道和样子都不相同。若摘吃果实的话，在原处就会再长出同样的果实，真是神奇。我们吃的时候可以用口吃，也可以品香，不但好吃，而且令人愉悦满足。至于吃完要如何排泄也令人好奇。那里没有不洁的洗手间，那么到底要如何排泄呢？我们所吃的东西会经过分解，借着呼吸排出香气而消散，一切是那样的美好、舒适。

天国是怎么样的生活呢？

赐给我们细麻衣的神，也按照奖赏的不同，赐下宝贵的装饰品。又赐下天国宝贵的宝石给我们配挂，以彰显神的爱和荣耀，也让我们乘着荣耀的云彩到处飞翔。而且天国有天国的筵席，大家都可以喜乐地聚在一起看记录地上生活的影片，分享话语，充满许多我们无法想像的、美妙而又神秘的景象。

在这一周的时间，神启示我太多有关天国的事。因为有一些是暂时尚不能说出来的，因此到了预定的时候，我会将有关天国的事以著作呈现，让大家更清楚明白。

像这样，有一个永远又美丽的世界存在，因此等待为我们预备住处的主再临的日子，为了能够进入那美好之处，我们要努力按神的旨意生活。

主耶稣将以色列的独立比作无花果树说：

"你们可以从无花果树学个比方：当树枝发嫩长叶的时候，你们就知道夏天近了。这样，你们看见这一切的事，也该知道人子近了，正在门口了。我实在告诉你们：这世代还没有过去，这些事都要成就。"（马太福音二十四章32-34节）。"所以，你们要警醒，因为不知道你们的主是哪一天来到。家主若知道几更天有贼来，就必警醒，不容人挖透房屋，这是你们所知道的。"（马太福音二十四章42-43节）

"人正说平安稳妥的时候，灾祸忽然临到他们，如同产难临到怀胎的妇人一样，他们绝不能逃脱。弟兄们，你们却不在黑暗里，叫

我所爱的人啊！

那日子临到你们像贼一样。你们都是光明之子，都是白昼之子；我们不是属黑夜的，也不是属幽暗的。所以，我们不要睡觉，像别人一样，总要警醒谨守。"（帖撒罗尼迦前书五章3-6节）

神让我知道主耶稣再来的日子近了，只是不确切知道是哪一天、哪个时辰罢了。除了我以外，神也将那时候告知许多警醒的人。

每当我想到能够在无尽而永远的世界里与主耶稣喜乐、幸福地生活时，内心的激动常使我不能自已。

为了成为更加热心担当使命，将好的粮食喂养羊群的牧者，直到今日我依然努力向着标杆直跑。

"主耶稣啊！我愿祢来！"

死前见真光
Tasting Eternal Life before Death

本书所引圣经经文取自《现代标点和合本》

作　　者:	李载禄
编　　辑:	宾锦善
设　　计:	乌陵出版社设计组
发　　行:	乌陵出版社（发行人：宾圣男）
印　　刷:	艺源印刷厂
出版日期:	1987年4月初版（韩国，乌陵出版社，韩国语）
	2004年3月初版（台湾，天恩出版社）
	2006年4月二版（台湾，天恩出版社）
	2010年5月三版（韩国，乌凌出版社）
	2014年4月四版（韩国，乌凌出版社）
	2014年4月四版（韩国，乌凌出版社）
	2015年5月五版（韩国，乌凌出版社）

Copyright © 2015 李载禄博士
ISBN 978-89-7557-343-9
Translation Copyright © 2004 郑求英博士

问讯处: 乌陵出版社
电　话: 82-2-837-7632 / 82-70-8240-2075
传　真: 82-2-869-1537

"乌陵"是旧约时代大祭司为了求问神的旨意放在决断胸牌里使用的器物之一，希伯来语意为"光"（出28:30）。

www.ingramcontent.com/pod-product-compliance
Lightning Source LLC
Chambersburg PA
CBHW020232130626
46549CB00005B/1849